W0175767

Titus Müller

# Das kleine Buch vom Alltagsglück

**BRUNNEN**
Verlag Giessen · Basel

**FSC**
Mix
Produktgruppe aus vorbildlich
bewirtschafteten Wäldern und
anderen kontrollierten Herkünften

Zert.-Nr.GFA-COC-001278
www.fsc.org
© 1996 Forest Stewardship Council

© 2010 Brunnen Verlag Gießen
www.brunnen-verlag.de
Lektorat: Eva-Maria Busch
Umschlagmotiv: Sabine Schürmann
Umschlaggestaltung: Ralf Simon
Satz: DTP Brunnen
Herstellung: CPI – Ebner & Spiegel, Ulm
ISBN 978-3-7655-1786-0

# Inhalt

# Lenas Handtasche

Draußen sind's gerade minus 15 Grad. Mir frieren die Ohren ab, aber das erdulde ich, aus Sorge, jemand könnte mich belächeln, wenn ich eine Mütze trage. Mützen sind peinlich. Und mir ist wichtig, was die Leute über mich denken.

Als ich noch in Berlin wohnte, gab es in meiner Straße eine Pizzeria und einen Döner-Imbiss. Ich aß manchmal Pizza und manchmal Döner, und jedes Mal hatte ich ein schlechtes Gewissen, wenn ich am jeweils anderen Imbiss vorüberging. Der Pizzabäcker stand oft in seiner Tür und sah nach draußen. Wenn ich mit einem Döner an ihm vorbeimusste, hätte ich mich am liebsten unsichtbar gemacht oder ihn um Verzeihung gebeten: „Heute wollte ich gerne mal einen Döner essen, bitte entschuldigen Sie, nächstes Mal komme ich wieder zu Ihnen …"

Inzwischen lebe ich in München, nur sieben Minuten von Lena entfernt. Manchmal sind wir gemeinsam in der Stadt unterwegs, und wenn sie ihren Schal festziehen will oder zum Fahrkartenkaufen beide Hände braucht, gibt sie mir ihre Handtasche: „Halt mal kurz!" Das finde ich schrecklich.

Ich stehe dann da mit einer Damenhandtasche und schäme mich: Wie sieht das aus! Ein Mann mit einer Handtasche! Hoffentlich guckt gerade keiner.

Lena versucht, mich zu beruhigen. Sie sagt: „Die Leute sehen doch, dass die Tasche mir gehört!" Aber das macht es kein bisschen besser. Ein Mann, der seiner Freundin die Handtasche hält! Sieht das etwa gut aus?

Ich würde für Lena einen Kleiderschrank durch die Fußgängerzone schleppen. Ich würde für sie ein Auto von der Straßenkreuzung schieben oder einen Elefanten am Halsband durch den Park führen. Aber ihre Handtasche möchte ich nicht halten. Wären wir allein auf der Welt oder München zufällig für einen Tag evakuiert worden, dann wäre das natürlich kein Problem.

*Ich begebe mich selbst in die Was-denken-dann-die-Leute-Sklaverei.*

Ich glaube, ich bin ziemlich abhängig davon, was die anderen über mich denken. Dabei schätze ich Freiheit! Aus irgendeinem Grund begebe ich mich selbst in die Was-denken-dann-die-Leute-Sklaverei.

Ingeborg Reinhold schreibt: „Wie ich mich als kleines Mädchen immer über das raschelnde Laub gefreut habe! Welch ein Spaß war es, die herb nach

Sonne und Erde duftenden Blätterberge schlurfend vor sich herzuschieben oder vergnügt hoch aufzuwirbeln. Schade, diese Zeit ist vorbei. Moment mal – wieso eigentlich? Wer sagt, dass eine Frau mittleren Alters nicht mehr im Laub rascheln darf?" Und dann tut sie es, sie schiebt vor den staunenden Blicken der Leute ihre Füße durchs Laub, häuft es auf, stößt es hoch und atmet lächelnd seinen Duft ein. Bringst du mir das bitte bei, Ingeborg?

## Erdbeeren vom Friedhof

Im Juni bin ich mit meinem Onkel über einen Friedhof spaziert und wir haben Erdbeeren von den Gräbern genascht. Schütteln Sie sich ruhig – mir haben die Erdbeeren geschmeckt.

Wissen Sie nicht, dass die Luft, die Sie einatmen, schon von Tausenden Menschen geatmet wurde? Dass schon Hunderte das Wasser getrunken und wieder ausgeschieden haben, das Sie trinken? Wir bilden uns ein, Nahrung und Luft frisch zu bekommen, als wären die Moleküle in Folie eingeschweißt und kämen gerade aus der Fabrik. Aber es wird keine Materie hergestellt. Wir leben mit und von dieser Erde, die viele Generationen vor uns bewohnt und gebraucht haben. Die Moleküle sind bereits alle benutzt, sie werden wieder und wieder zu neuen Formen zusammengesetzt.

Beim Naschen der Erdbeeren auf dem Friedhof musste ich daran denken. Überhaupt wache ich auf Friedhöfen aus einem Dämmerzustand auf. Albert Schweitzer sagte einmal: „Der moderne Mensch wird in einem Tätigkeitstaumel gehalten, damit er nicht zum Nachdenken über den Sinn seines Lebens und der Welt kommt."

*Naschen Sie ein paar Vergänglichkeitserdbeeren mit mir.*

Dieses taube Vorwärtstaumeln bemerke ich oft erst, wenn mich die Stille eines Friedhofs umgibt.

Ich frage mich: Wie wird einmal *mein* Grab aussehen? Was wird auf dem Stein stehen? Und was denken die Leute über mich, die mich noch gekannt haben? Vielleicht sagen sie: Er hat hart geschuftet, sein Leben lang. Oder: Er war so freundlich zu seinen Enkeln. (Sie sehen, ich hoffe, recht alt zu werden.)

Gräber erinnern mich daran, wie leer vieles ist, was ich tue. Und wie sinnvoll vieles, das ich nicht tue.

Der Autor des *Kleinen Prinzen*, Antoine de Saint-Exupéry, schreibt in seiner Erzählung *Nachtflug:* „Er gestand sich ein, dass er alles, was das Leben süß macht, nach und nach auf das Alter verschoben hatte, auf den Augenblick, da er ‚Zeit dazu haben‘ würde.“

Naschen Sie ein paar Vergänglichkeitserdbeeren mit mir. Malen Sie sich Ihr Grab aus. Das erschreckt Sie? Aber nein, es ist eine ruhige Wahrheit – auch Sie werden eines Tages einen Grabstein haben, und vielleicht steht einmal jemand davor, der Sie noch gekannt hat, und geht seinen Erinnerungen an Sie nach. Was sollen das für Erinnerungen sein? Was soll Ihrem Besucher zuerst einfallen, wenn er an Sie denkt?

## Mit Schnee kochen

Wenn Sie die Zähne putzen, wo fangen Sie an? Links oben? Dann geht es weiter über die Schneidezähne, anschließend kommen rechts unten die Backenzähne dran? So mache ich es. Beobachten Sie sich mal, Sie werden feststellen, dass

Sie einem immer gleichen Schema folgen, Tag für Tag.

Wenn Sie sich duschen, was waschen Sie zuerst? Den Oberkörper, die Achseln, den Hals, die Arme? Auch da folgen Sie einer Gewohnheit, ich bin mir sicher. Und es ist nichts schlimm daran! Ich bin einer, der Rituale mag.

Allerdings haben sie auch einen Haken: Indem wir unseren Trampelpfaden folgen, verpassen wir mitunter das, was rechts und links des Weges liegt. Weil die Trampelpfade so schön vertraut sind, gehen wir sie oft mit geschlossenen Augen und nehmen nichts mehr wahr. Wer denkt noch nach – beim Duschen oder Zähneputzen, beim Abwaschen oder Essen oder Schuhebinden?

Während der Recherchen für einen neuen Roman bin ich auf einen Text aus dem 10. Jahrhundert gestoßen. Ein Mann beschrieb darin, wie er seine erste Banane gegessen hat: „Eine Frucht in der Form einer Gurke, aber wenn sie geschält wird, ist das Innere der Wassermelone nicht unähnlich, nur von feinerem Geschmack und köstlicher."

Plötzlich staune ich über diese Frucht.

Was könnten Sie heute bewusst essen? Es können auch gewöhnliche Nahrungsmittel sein, Kartoffeln, Brot, Mohrrüben. Sie werden sich wundern, wie süß die Mohrrüben schmecken, wie ihr Fleisch zwischen den Zähnen knirscht, so frisch und knackig ist es. Sie können den Brotbrei im Mund spüren, wie er sich mit der Butter vermischt und herb nach Ofen schmeckt, wie er weich den Hals hinunterrutscht und Sie sättigt.

Ich habe heute mit Schnee gekocht. Davon gibt es genug zurzeit. Bin einfach mit dem Topf vors Haus gegangen und habe weißen Schnee hineingeschaufelt. Dann das Gemüse hinzu – fertig. Probieren Sie das mal aus! Es ist sicher eine Illusion, aber mir kam das Essen feiner vor als sonst. Es schmeckte fantastisch. Wer zwingt uns, das langweilige Leitungswasser zu nehmen?

*Indem wir unseren Trampelpfaden folgen, verpassen wir das, was rechts und links des Weges liegt.*

Außerdem war alles Besteck im Abwasch. Ich hatte keine Lust, abzuwaschen. Weil kein Messer sauber war, habe ich zum Abendessen die Butter gleich mit dem großen Brotmesser aufgetragen. Ein Vergnügen! Ich kam mir vor wie ein Abenteurer.

Ich mailte mit Andreas Noga, einem befreundeten Lyriker, darüber, dass wir gerade nicht genug arbeiten und dass wir uns schlecht fühlen deswegen. Er mailte zurück: „Andererseits ist es auch mal schön, nichts zu tun, auf dem Zweisitzer in meinem kleinen Arbeitszimmer zu liegen und durch das gekippte Fenster in den Tag zu lauschen."

Lyriker sind begabt darin, die Augen offenzuhalten jenseits aller Gewohnheiten. Und sie können uns die Augen öffnen! Kaufen Sie sich mal einen Gedichtband, zum Beispiel *Bernsteinäugiges Fellchen* von Andreas Noga, *Der Atem der Schlittenhunde* von Frank Schmitter, *Wörter auf Abruf* von Günter Grass oder *Zur Zeit und zur Unzeit* von Erich Fried. Gedichte tun uns gut.

Mag sein, dass Sie beim Lesen den Kopf schütteln und sagen, für diesen ganzen Firlefanz haben Sie keine Zeit. Sie trösten sich damit, dass Sie sich später Zeit nehmen, „wenn weniger los ist".

Vor zweitausend Jahren schrieb der Philosoph Seneca in *De Brevitate Vitae*: „Nun aber bringt doch den allergrößten Verlust an Lebenszeit das Hinausschieben mit sich. Man lässt gerade den bestehenden Tag verstreichen und bestiehlt die Gegenwart, weil man sich auf das Späterkommende vertröstet. Das größte Hindernis des Lebens ist die Erwartung, die sich auf den nächsten Tag richtet. Du verlierst dadurch das Heute."

Genauso kann man sich das Heute verderben,

wenn man Negatives in der Zukunft erwartet. Ich habe kürzlich ein Bühnenprogramm mit Cordula Tornow, einer Pantomimin, gestaltet. Später am Abend erzählte sie mir, dass sie im Urlaub schon am ersten Tag denkt: Bald ist der Urlaub wieder zu Ende … Freu dich nicht zu sehr, damit du am Ende nicht traurig bist.

Ich war verblüfft. Sie ist so eine fröhliche, künstlerische Person! Und doch schaut auch sie mitunter besorgt nach vorn, anstatt das Jetzt zu genießen.

Sie können gerade nicht mit Schnee kochen? Sie können keine gelben und violetten Krokusse bewundern, die sich aus dem Schnee strecken? Einen Sommerhimmel und Möwen gibt's auch nicht? Nasskalte Tage machen es uns schwer. Aber auch sie haben ihren Zauber! Meine Großmutter schaut sich bei Regenwetter immer entzückt die schwarzen Wolken an, sie beobachtet das Naturschauspiel wie ein spannendes Theaterstück. Ihre Wohnung ist ihr trockener, warmer Beobachtungsplatz, und von dort aus erfreut sie sich an der Kraft eines Gewittersturms.

Ich bin mir sicher, wenn Sie heute, jetzt, die Augen öffnen, finden Sie eine Schönheit am Wegrand.

# Das Geheimnis von Heimat

Ich bin 32 Jahre alt und habe in meinem Leben bisher an neun Orten gewohnt. Im Durchschnitt – mathematisch gerechnet – blieb ich jeweils 3,5 Jahre. Müsste ich meine Heimatstadt benennen, würde ich Berlin sagen, dort habe ich am längsten gelebt. Eine wirkliche Heimat habe ich aber nicht. Keinen einen Ort, wo ich Kindheit und Jugend und Erwachsenenalter verbracht habe. Das macht mir nichts aus, im Gegenteil, ich will gern noch mehr sehen von der Welt, am liebsten mal in New York leben, in Moskau, in London.

Manchmal, wenn ich für eine Lesung in eine Stadt reise, frage ich mich, wie es ist, dort seine Heimat zu haben. Am Bahnhof frage ich die Menschen nach dem Weg zum Hotel, und sie erzählen mir gleich mehrere mögliche Wege. Ich frage verwirrt nach. Ein fürsorgliches Lächeln schleicht sich in ihr Gesicht, sie denken: Oje, wenn er nicht mal diese Straße kennt, dann hat er wirklich keinen blassen Schimmer.

Ich sehe mir die Läden an, das Kino, die Häuser. Ich begutachte die Schlaglöcher in den Straßen, die murkeligen Zäune, sehe heruntergewohnte Straßen, spielende Kinder, einen alten Mann mit Tragetasche. Jede Stadt hat ihr eigenes Gesicht. Den Einwohnern ist dieses Gesicht vertraut wie kein zweites. Sie kennen hier die meisten Menschen, grüßen sich auf der Straße, haben zu jeder Häuserecke eine Erinnerung: der erste Kuss, der erste Strafzettel, die zerbrochene Milchflasche, der Lieblingsplatz zum Lesen, der verlorene Schlüssel. Ihre Stadt ist ein Teil ihres Herzens, nirgendwo auf der Welt werden sie sich heimischer fühlen als hier. Ihr Zuhause besteht nicht nur aus ihrer Wohnung und ihrem Haus, sondern auch aus ihrer Straße, den Läden, wo sie einkaufen, ihren Haltestellen und Arztpraxen, der Schule, dem Fotografen und der Kirche.

*Vielleicht ist freiwillige Beschränkung das Geheimnis von Heimat ... und von Liebe.*

Am nächsten Tag reise ich ab. Ich verlasse diese in sich abgeschlossene Welt, die sympathische Schneegestöber-Kugel. Meinen Neid auf die Wurzeln dieser Menschen lösche ich mit Arroganz: Ich habe mehr von der Welt gesehen als sie, bin mehr gereist, habe mehr Orte kennengelernt.

Die leise Frage bleibt, wer das Bessere gewählt hat.

Ich vermute, es gibt ein besonderes Verständnis der eigenen Existenz, wenn man – wie meine Großtante – sein Leben lang beim Blick aus dem Fenster auf dieselben Felder und denselben Wald sieht, und die Eltern und die Großeltern haben schon aus diesem Fenster gesehen, und der Wald ist geblieben, nur Sommer und Winter haben gewechselt, und die Felder haben Frucht getragen.

Nachts mit dem Zug über Land zu fahren und die Lichter in den Häusern zu sehen, wo man Abendbrot isst, im Sessel sitzt und liest, jedes Licht ein Zuhause, jedes Licht ein Mensch, das ist ein eigenartiges Gefühl. Wir wissen nichts voneinander, diese Menschen und ich. Ich weiß nichts von ihrer Ruhe, sie wissen nichts von meiner Rastlosigkeit.

Vielleicht ist freiwillige Beschränkung das Geheimnis von Heimat. Kein Ort auf dieser Welt ist perfekt. In den Bergen fehlt das Meer, am Meer fehlt der Wald, im Wald fehlt der Himmel. In der Großstadt gibt es keine Ruhe im Grünen, das Dorf bietet aber zu wenig Weltläufigkeit. Man muss wohl, um Heimat zu finden, verzichten können.

In der Liebe ist es ähnlich. Kein Mensch ist perfekt. Ich brauche Pläne, Lena liebt es spontan. Sie ist von meiner Planerei genervt und fühlt sich unter Druck gesetzt, wenn ich Entscheidungen von ihr einfordere. Ich hingegen leide Qualen, wenn das Wochenende bis zum Freitagabend ungeklärt bleibt oder wenn sie sagt: „Das können wir doch auch morgen spontan entscheiden." Heißt das, ich sollte nach jemandem suchen, der gerne plant? Keinesfalls! Die Planerin wäre nicht so warmherzig und humorvoll wie sie.

Es ist gut, seine Heimat bei einem Menschen zu finden, mit allen Schwächen und Stärken, die er hat. Nur dann hängt man sein Herz ganz an ihn und kann Wurzeln finden. Eine freiwillige Beschränkung, die großen Segen bringt: miteinander vertraut sein, sich kennen.

## Warum ich schreibe

Als Kind hatte ich Angst vor Ungeheuern. Ich hasste die Dunkelheit. Oft starrte ich nachts mit weit aufgerissenen Augen in das Zimmer und wartete darauf, dass das Böse kam. Gespenster huschten über den Boden. Sie versteckten sich hinter Stuhlbeinen und Spielsachen und flüsterten. Es waren die Vorboten des Großen Schwarzen. Waren sie da, war er nicht weit. Ich wagte kaum noch zu atmen … Er füllte das Zimmer bis zur Decke aus, besaß winzige rote Knopfaugen und Hauer wie Elefantenzähne, die er in meine Schultern versenkte.

Unter meinem Bett hausten Hexen, die mit Hackebeilchen nur darauf warteten, dass ich einen Fuß unter der Bettdecke vorstreckte. Meist verharrte ich reglos, schweißnass, bis ich dringend die Toilette aufsuchen musste. Dann weckte ich meine Brüder. Zu dritt gingen wir den langen Korridor hinunter. Ich fand es unerträglich, wenn ich dabei als Letzter gehen musste, weil ich fürchtete, unbemerkt weggefangen zu werden. Wer in der Mitte ging, hatte die besten Überlebenschancen.

Ich wollte nicht als Memme gelten. Außerdem schlief ich mit meinen Brüdern in einem Zimmer, ich konnte nicht verlangen, dass über Nacht das Licht angeschaltet blieb. Also erfand ich kleine Gefährten, die mir halfen. Wenn ich die Augen fest zupresste, sah ich Tausende bunter Pünktchen, und mit diesen Pünktchen unterhielt ich mich. Ich begrüßte sie wie alte Freunde, sie schwirrten vor meinen Augen umher und waren jede Nacht da, ohne Ausnahme, immer fröhlich, immer hilfsbereit.

Bei Tageslicht war ich auch nicht tapferer. Ich

habe geweint, wenn etwas ungerecht war. Ich habe geweint, wenn mir etwas Angst machte oder wenn ich Angst hatte, dass mir etwas Angst machen könnte.

Als ich Lesen gelernt hatte, gaben mir meine Eltern ein Buch, ein bestimmtes Buch, immer dann, wenn ich traurig war. Es war ein großes Buch mit vielen Geschichten und Gedichten. Die Geschichten haben mich in eine andere Welt entführt, wenn ich mich selbst und meine Situation nicht ertragen konnte. Sie trösteten mich.

Nun kann man nicht immer im Leben ein Buch zur Hand nehmen, wenn es Probleme gibt. Bücher haben mich auch dauerhaft verändert, über die Lesezeit hinweg. Als ich fünfzehn war, entdeckte ich bei meinem Vater *Mere Christianity* (die deutsche Übersetzung trägt den unschönen Titel *Pardon, ich bin Christ*). Mein Vater sagte: „Das ist noch nichts für dich." Sofort begann ich zu lesen, und entdeckte einen Autor, der mich bis heute prägt. *Mere Christianity* folgten alle anderen Bücher von C. S. Lewis.

In vielen Bereichen des Lebens haben mir Bücher geholfen. Indianerbücher haben mich mutig gemacht. Ich bin plötzlich gern durch die Büsche gekrochen und nicht mehr jeder Prügelei auf dem

Schulhof aus dem Weg gegangen. Andere Bücher haben mich gelehrt, mit Trauer umzugehen. Ich habe begriffen, dass man für etwas, das einem wichtig ist, kämpfen kann.

So ist es geblieben: Bücher berühren mich. Schon einzelne Formulierungen können mich glücklich machen. Gerade las ich Franz Werfels *Abituriententag* und habe mich an Wörtern gefreut wie „sanftäugig". Oder an: „die große Glatze, verbeult und ausgebuchtet wie ein abgenütztes Geschirr". Kürzlich fuhr ein Lastwagen an mir vorüber, der für die Firma „Eisenvogel" warb. Was für ein schöner Name! Solche Wörter sind für mich kostbare Funde.

Als Autor schwankt man ständig zwischen Größenwahn und Zerknirschung. Heute schrieb der Verlag, mein Roman werde parallel zur gedruckten Ausgabe auch als Hörbuch erscheinen. Ich war der Größte! Dann lehnte eine Buchhandlung ab, eine Lesung mit mir zu veranstalten. Ich stürzte zu Boden. Ein Buch geht in die vierte Auflage. Ich jubele. Ein anderes floppt, und ich halte mich sofort für unbegabt.

Damit Erfolg und Misserfolg mich nicht fortwährend in die Höhe heben und wieder niederschmettern, mache ich mir bewusst, worum es mir eigentlich geht. Die Kindheitserinnerungen helfen mir dabei. Ich weiß plötzlich wieder, dass ich Wörter liebe. Die Wörter haben mir gutgetan, und ich hoffe, dass sie auch anderen guttun werden, wenn ich sie aufschreibe.

Ich habe das Bedürfnis, mit ihnen etwas festzuhalten. Als ich fünf war, bekam ich ein kleines Notizbuch geschenkt. Ich sagte meiner Mutter: „Da schreibe ich eure Namen rein. Und wenn ihr mal gestorben seid, kann ich immer nachgucken, wie ihr geheißen habt."

Dieses Festhaltenwollen von Momenten und Bildern und Namen ist ein Teil von mir. Erlebe ich etwas Schönes, ist mein erster Impuls, es aufzuschreiben, damit ich es nie wieder vergesse. Darum beginnt mein Roman *Das Mysterium* damit, wie eine Schnecke über die Hand des Protagonisten kriecht und mit ihren feinen Raspelzähnchen an seiner Haut nagt. Darum läuft Saphira in *Die Todgeweihte* mit nackten Füßen durch ihr Zimmer, und es bleiben Sandkörner an ihren Fußsohlen haften. Es sind Dinge, die ich erlebt habe und festhalten will.

Egal was wir tun, binnen Kurzem schiebt sich

*Erinnern wir uns an das, was im Herzen unserer Unternehmung steht.*

Erfolgsstreben vor die Ziele, die wir hatten. Das dürfen wir nicht zulassen. Erinnern wir uns immer wieder daran, warum wir Dinge tun, und warum es sich lohnt, Kraft und Zeit zu investieren. Erinnern wir uns an das, was im Herzen unserer Unternehmung steht.

Mein Ziel beim Schreiben hat viel mit einem kleinen Jungen zu tun, der sich vor Gespenstern fürchtet und die Bettdecke bis an die Augen zieht. Bücher und gute Geschichten waren für mich die Rettung. Das gebe ich weiter.

## Papier

Ich habe versehentlich ein Taschentuch mitgewaschen. Während ich die Papierflocken aus der Tasche meiner Strickjacke klaube, wird mir bewusst, welches Wunder Papier ist.

Bis ins 19. Jahrhundert verwendete man für die Herstellung abgenutzte Leinenkleider. Lumpensammler brachten sie in die Papiermühlen. Dort wurden die Lumpen in Fetzen geschnitten, einem Faulungsprozess unterzogen und anschließend in einem Stampfwerk zerfasert. Bleichte man die Fasern mit Chlor, konnte man auch farbige Stoffe zu weißem Papier verarbeiten.

Aus Bottichen mit dünnem Papierbrei schöpften Papiermacher einzelne Blätter, sie hoben sie mit einem feinmaschigen, rechteckigen Schöpfsieb heraus, drückten sie vom Sieb auf ein Filz ab und hängten sie zum Trocknen auf. Anschließend wurde das Papier gepresst und geglättet. Schreibpapier wurde zusätzlich in Leim getaucht, um die Tinte am Verlaufen zu hindern.

Ich bin froh, dass es Papier gibt. Nicht nur weil ich es gern anfasse (befühlen Sie mal die Seite, die Sie gerade lesen, ihre Struktur, ihre Glätte), sondern auch, weil ich dankbar bin, dass es die Buchstaben trägt. Es bewahrt Geschichten und gute Gedanken auf.

Wir unterschätzen das Papier! Wenn ich in Bibliotheken und Archive gehe, blättere ich mitunter in Büchern, die Hunderte von Jahren alt sind. Gäbe es kein Papier, dann wären all die Zeichnungen, Landkarten, Tagebücher und Berichte verloren, die es für uns aufbewahrt hat.

Die modernen Erfindungen, auf die wir so stolz sind, können nicht annähernd mithalten, was die Haltbarkeit angeht. CDs und DVDs verlieren ihre

Daten nach spätestens 30 Jahren, USB-Sticks und Festplatten haben nur eine Lebensdauer von 5 bis 10 Jahren.

Ein Buch aber hält 300 Jahre, 500 Jahre, 1.000 Jahre. Man mag kaum glauben, dass das ein 32-Jähriger sagt, aber ich fürchte, wenn wir unsere Bücher gegen das Internet eintauschen, weil uns das Blättern zu anstrengend wird, verlieren wir eine Menge.

*Ich lebe in einer gut gefüllten Schatzkammer.*

Schön, dass Sie dieses Buch gekauft haben. Sie können es aufheben, verleihen, in drei Jahren noch einmal lesen, Stellen darin markieren. Ein Buch ist ein wertvoller Schatz.

Wenn ich so über Bücher nachdenke und mich dann in meinem Zimmer umschaue, begreife ich, dass ich steinreich bin. Ich lebe in einer gut gefüllten Schatzkammer. So viele Gedanken warten darauf, von mir gelesen und begutachtet zu werden, so viele Romane locken mit einem spannenden Erlebnis. Naturführer stellen mir Pflanzen und Insekten und Fische und Spinnen vor. Ich kann über die Geschichte der Menschheit nachlesen und über die Suche nach Gott, kann von Klaviernoten Musikstücke lernen und beim Betrachten von historischen Landkarten Zusammenhänge begreifen. Und das alles, weil vor 2.000 Jahren ein Chinese das Papier erfunden hat.

## Stille tut gut

Fünfzig christliche Kirchen, Organisationen und Verlage haben 2010 zum „Jahr der Stille" erklärt. Auf der Website zur Aktion erklären sie (www.jahrderstille.de): „Das *Jahr der Stille* will helfen, Balance zu finden. Ein gesundes Gleichgewicht zwischen Arbeit und Ruhe."

Das Bedürfnis nach Stille ist groß dieser Tage. Ein befreundeter Pastor erzählte mir, dass er bis zu acht Mal am Tag Werbeanrufe bekommt. Das kennen wir: Wir werden zum Lottospielen eingeladen, sollen an einer Umfrage teilnehmen oder einen Vertreterbesuch erlauben, um uns ein neues Reinigungsmittel an unserem Teppich zeigen zu lassen (und am Ende einen Staubsauger angeboten zu bekommen, aber das sagen sie nicht am Telefon).

Spam macht mittlerweile 97 Prozent des gesamten E-Mail-Verkehrs aus. Wir verbringen im Leben Hunderte Stunden damit, die „echten" Mails aus der Werbung auszusortieren. Es gibt Robinsonlisten für Telefon, Briefpost, E-Mail und Mobilfunk, die Menschen vor dem Dauerbombardement der Werbung schützen sollen. Wer sich einträgt (www.robinsonliste.de), wird von vielen Werbetreibenden aus den Adressdatenbanken gelöscht. Über zwei Millionen Deutsche haben sich dort registrieren lassen.

Urlaub im Kloster ist en vogue. Aus meinem Freundeskreis höre ich: „Vier Tage Schweigen. Es war fantastisch!" Andere kontern sofort: „Das könnte ich niemals ertragen." Während unser Bedürfnis nach Stille größer ist denn je, fällt es uns immer schwerer, die Stille auszuhalten.

Auf der Website zum Jahr der Stille schreiben die Veranstalter: „Stille ist etwas Gutes. Eigentlich sind wir dafür. Aber insgeheim laufen wir davor weg." Das stimmt. Ich frage mich: Wie finde ich Ruhe, um über mein Leben nachzudenken und Gott zuzuhören? Und gleichzeitig stopfe ich meine Freizeit voll mit Verabredungen, Filmen, Musik und Computerspielen. Ich habe Angst vor der Stille.

Kennen Sie die schlauen Rabbiner-Geschichten? Eine davon geht so: Ein junger Mann kommt zum Rabbiner und klagt ihm sein Leid. Gott antwortet nicht auf seine Fragen! Er habe schwierige Entscheidungen zu treffen, sein Leben gehe den Bach runter. Und Gott tue nichts als zu schweigen. Entnervt läuft der junge Mann im Zimmer auf und ab und zählt seine Probleme auf, die Beziehung zu seiner Verlobten laufe nicht mehr gut, beruflich stehe alles auf Messers Schneide.

Der Rabbiner sagt etwas, leise.

„Wie bitte?", fragt der junge Mann.

Wieder raunt der Rabbiner etwas.

Der junge Mann wird ungehalten. „Können Sie etwas lauter sprechen, bitte?" Er geht zum Rabbiner hinüber. „Was haben Sie gesagt?"

Der Rabbiner flüstert: „Manchmal spricht Gott leise, damit wir uns ihm nähern."

Gott brüllt nicht gegen den iPod an. Fahren wir einen Tag ans Meer, allein, und gehen am Strand spazieren. Legen wir uns mit geschlossenen Augen auf eine Wiese. Schalten wir Fernseher, Radio und Computer ab und lesen, was uns Gott ins Herz schreibt.

*Gott brüllt nicht gegen den iPod an.*

Am Ende merken wir, dass die Stille uns guttut, und dass uns Gott nichts Böses will, sondern Frieden gibt.

# Erfolgsdenken

In meinem Buch *Vom Glück zu leben* habe ich über einen irreführenden Maßstab geschrieben, den wir an Dinge anlegen: Wir glauben, wenn etwas neu ist, müsse es automatisch besser sein als das Alte. „Neu" heißt, das Produkt entspricht dem Trend, es wurde verbessert und erweitert. „Neu" heißt wertvoll, „alt" heißt: zum Wegwerfen. Kommt ein neues Modell auf den Markt, sind die Vorgängermodelle plötzlich uninteressant und werden verschleudert. Dabei gibt es viel Neues, das in Wirklichkeit zum Wegwerfen ist, und Altes, das wie ein Schatz gehütet werden sollte.

Ein zweiter Maßstab, nach dem wir uns irrtümlich richten, ist der Erfolg. Chris Anderson beschreibt in *The Long Tail* unser heutiges Erfolgsdenken: „Wenn ein Film kein Hit ist, dann ist er ein Flop. Der Film hat seine wirtschaftliche Bewährungsprobe nicht bestanden und hätte deswegen gar nicht produziert werden dürfen."

So denken wir: Gut ist nur, was populär ist und eine große Masse begeistert. Der einzige wahre Erfolg ist der Massenerfolg. Dabei sind wir blind dafür, wie absurd diese Bewertung ist. Eine Musikrichtung, die nicht den Geschmack der Massen trifft, muss keineswegs schlecht sein. Ein Tisch, den tausend Leute hässlich finden, kann trotzdem für hundert Menschen der Traumtisch sein.

Wir aber glauben, wenn eine Sache gut ist, dann muss sie auch populär sein. Steht in der Zeitung, dass ein Film in den Kinos floppt, gehe ich sofort davon aus, dass er schlecht ist. Erst vor Kurzem habe ich aus Mangel an Alternativen einen solchen erfolglosen Film im Kino gesehen – und er war gut! *Bright Star* hat nicht einmal seine Kosten eingespielt, und offensichtlich gefällt der Film der Mehrheit der Menschen nicht. Mich aber hat er berührt und hat mir einen wundervollen Abend eingebracht.

Was entgeht mir noch alles, weil ich davon ausgehe, dass nur das Populäre gut ist? Ich habe ein falsches Gesetz verinnerlicht. Bei geringen Verkaufszahlen gehe ich von schlechter Qualität aus und übersehe dabei eine wichtige Regel: Die Menschen unterscheiden sich in bestimmten Bereichen sehr in ihren Interessen, aber das bedeutet nicht, dass diese Bereiche unwichtig oder meiner Zeit nicht würdig wären. Spezielle Interessen bedeuten einen kleinen Käuferkreis, das ist zunächst alles.

Unser Irrtum, was den Erfolg betrifft, wird bei

jedem Einkauf bekräftigt. Natürlich türmen die Händler diejenigen Waren zu großen Stapeln auf, die sich schnell verkaufen lassen, weil sie dem Bedürfnis einer breiten Masse entsprechen. Daran ist nichts falsch. Nur ziehen wir die falschen Schlüsse. Wir glauben, dass diese viel verkauften Filme, Musikalben, Bücher und Nahrungsmittel die Besten sein müssen, sonst wären ja nicht so viele Menschen davon begeistert.

*Halten wir die Augen auf für das Ungewöhnliche!*

Auch das Internet ist gleichmacherisch, Google bringt die beliebtesten Websites nach oben. Was ungewöhnlich ist, was neue, fremde Ideen aufwirbelt, wird ans Ende der Liste verbannt, denn es findet nicht – wie andere Angebote, die dem momentanen Mainstream entsprechen – rasch Hunderttausende Nachfolger. Wir fangen an, „populär" mit „wichtig" zu verwechseln.

Dabei brauchen wir mehr Eigeninitiative und mehr Begeisterung, auch für Abseitiges. Lassen wir uns nicht blind machen. Halten wir die Augen auf für das Ungewöhnliche!

Gleichgültigkeit und Langeweile machen unglücklich. Gleichförmigkeit macht unglücklich. Wir müssen es wieder erlauben, dass sich jemand für etwas begeistert, dass er leidenschaftlich für eine Idee brennt. Fragen Sie sich: Was würde mich begeistern? Was würde ich gern tun, wofür will ich kämpfen?

## Sie muss mich nicht reparieren

Autoren brauchen eine gute Arbeitsmoral. Wir schließen einen Vertrag ab mit dem Verlag – und dann sind wir ein Jahr lang auf uns selbst gestellt. Es wird erwartet, dass wir in dieser Zeit ein Buch schreiben, aber es ruft keiner an und fragt, ob wir auch wirklich arbeiten. Ich könnte sechs Wochen faulenzen. Ein halbes Jahr lang könnte ich mich auf die faule Haut legen und es würde niemandem auffallen.

Glücklicherweise schaffe ich es recht gut, mich zur Arbeit zu motivieren. Dafür habe ich ein anderes Problem: Ich habe meistens ein schlechtes Gewissen, wenn ich anschließend versuche, mich zu entspannen.

Strenge Herren fragen in meinem Kopf: Hast du heute wirklich schon genug gearbeitet? *Hast du diese Pause verdient?* Sie schicken mich zurück zum Schreibtisch. Selbst wenn ich ihnen widerstehe, ist mir die Freude am Film, am Spiel, am Buch oft vergällt.

Aus diesem Grund habe ich geglaubt, ich müsse eine Partnerin finden, die mir hilft, meine hohen Arbeitsansprüche fallen zu lassen. Also habe ich eine Entspannungstherapeutin gesucht, eine Frau, die mich reparieren würde …

Nun sind die strengen Herren im Kopf nicht meine einzige Schwäche. Ich habe außerdem Sehnsucht nach Menschen, aber kann mich nicht aufraffen, ins Kino oder ins Café zu gehen. Dabei tut es mir gut, wenn ich mich mit Freunden treffe! Ich dachte also, dass ich eine Partnerin brauche, die für mich diese Verabredungen einfädelt und mir dann hilft, mich auf die Menschen einzulassen. Eine Art Vorzimmerdame, die meine Kontakte managt …

Drittens bin ich nicht besonders selbstbewusst. An schlechten Tagen bin ich verunsichert über mich selbst, über alles, was ich sage und tue. Ich dachte deshalb, meine Partnerin müsste mich aufbauen und loben, bis ich mich stark fühle. Ich dachte, ich brauche eine Trainerin in Sachen Selbstachtung …

Im Grunde habe ich keine Frau gesucht, sondern einen Seelenwerkzeugkasten. Ich wollte repariert werden. Statt des Liebesbunds mit einem anderen Menschen wollte ich, dass jemand meine Schwächen beseitigt.

Wenn man von einer Beziehung erwartet, dass sie die Probleme löst, die man mit sich selbst hat – dann setzt man die geliebte Person einem enormen Druck aus. Und vor allem: Man überträgt ihr die Aufgaben, die man selbst zu lösen hat.

*Ich setze meine Partnerin nicht dem Druck aus, dass sie mich glücklich machen muss. Das wäre reichlich unfair.*

Die Wahrheit ist, ich bin selbst dafür verantwortlich, den strengen Herren den Mund zu verbieten oder sie bei Feierabend in den imaginären Kleiderschrank zu sperren. Ich kann lernen, mich zu entspannen. Ich kann lernen, mich mit Menschen zu verabreden, auch wenn ich mich im ersten Moment nur schwer dazu aufraffen kann, und darf die gemeinsam verbrachte Zeit dann im Bewusstsein genießen, dass ich mir etwas Gutes getan habe. Ich kann stärker und selbstbewusster werden.

Lena wird nicht meine Schwächen reparieren. Sie darf sogar selbst Schwächen in die Beziehung einbringen. Wir unterstützen uns, wir wandern gemeinsam, und dadurch finden wir – jeder für sich – die Kraft, an unseren Ängsten zu arbeiten. Ich setze Lena nicht dem Druck aus, dass sie mich gesund und glücklich machen muss. Das wäre reichlich unfair.

Das Ringen mit meinen Schwächen macht mich stärker. Ich wachse.

## Wo die Sonne scheint

In wenigen Tagen steht eine Auslandsreise bevor. Ich arbeite gegen die Uhr an: suche ein Hotel, vereinbare Termine, beantworte E-Mails, die nicht bis nach der Rückkehr liegen bleiben dürfen.

Dann trete ich für einen Gang zum Briefkasten aus dem Haus und bin verblüfft. Die Zeit vergeht hier draußen viel langsamer als in meinem Zimmer. Ruhig ziehen die Wolken über den Himmel. Grillen zirpen. Der Wind rauscht in den Baumwipfeln. Ich bleibe fasziniert stehen. Wie dumm ich doch bin!, denke ich. Ich selbst mache mir den Stress. Er wäre nicht notwendig. Vieles, das ich hektisch erledige, könnte problemlos warten oder gar abgesagt werden. Da ist niemand, der mich vorwärtspeitscht – außer mir selbst.

Es genügt, dass mir die Sonne ins Gesicht scheint, und ich merke wieder, wo ich hingehöre und wie das Leben eigentlich gedacht war.

Eine Minute Zeit hat jeder. Probieren Sie es aus: Wenden Sie sich der Sonne zu, die da über das blaue Himmelsmeer zieht. Dieselbe Sonne scheint über Afrika, sie leuchtet in Schwedens Fjorde, lässt das Wasser der Arktis glitzern, küsst den Raureif Sibiriens. Diese Sonne, die Ihnen auf die Wangen strahlt, wärmt den Affen den Pelz, die hoch oben in ihren Bäumen Fruchtfleisch kauen. Sie strahlt einem Fischadler auf den Rücken, der über eine Bucht Alaskas segelt. Sie verschwendet ihre Kraft auf die endlose Weite der Ozeane, leuchtet auf die schneebedeckten Gipfel des Himalaya und brennt auf den schwarzen Haarschopf eines Chinesen nieder, der ein Reisfeld bewässert.

Unsinn, sagen Sie, wer so denkt, vernachlässigt die Zeitverschiebung! Da ist er wieder, unser Verstand, der rechnen und in Kästchen einordnen will und sich dem Takt der Uhren ergeben hat. Bevor Sie das romantische Bild zerreißen, prüfen Sie mal, ob die Kritik stimmt. In Wahrheit ist Ihr Sonnenaugenblick tatsächlich der Sonnenaugenblick von Menschen in weit entfernten Ländern. Ist es bei Ihnen gerade Mittag? Dann geht in diesem Moment die Sonne über Peru auf, ergießt ihr Neun-Uhr-Licht über Grönland, heizt mit Nachmittagskraft Indien auf, bestrahlt die Mongolei und taucht Australien in rotes Abendlicht. Die Kleinigkeiten, die uns in Hektik bringen, sind ein Sandkorn auf dieser Erde; kein Gebirge, nur ein Sandkorn.

Charles Darwin erzählt in seiner Autobiografie davon, wie er als junger Mensch Käfer sammelte. Er kannte in Cambridge und Umgebung viele gute Plätze, alte Bäume oder Pfähle, wo er auf seltene Exemplare hoffen konnte. Eines Tages riss er ein Stück alter Borke von einem Baumstamm ab und sah zwei ausgefallene Käfer. Er fing sie und hielt in jeder Hand einen fest. In diesem Moment sah er einen dritten Käfer von einer neuen Art, den er sich nicht entgehen lassen konnte. Also steckte er sich den Käfer, den er in der rechten Hand hielt, in den Mund, um nach dem neuen Insekt zu greifen. Das Tier verspritzte jedoch im Mund ein beißendes Sekret. Darwins Zunge brannte, er bekam einen Hustenanfall, spuckte das Insekt aus und verlor auch den Käfer, den er in der Hand mit nach Hause nehmen wollte.

Wir wollen so viel aus dem Leben machen. Wir

versuchen, allem auf uns Einströmenden gerecht zu werden, jede Chance zu nutzen. Aber in diesem verzweifelten Kampf verlieren wir letztendlich mehr, als wir gewinnen.

*Auch ein einzelner Tag ist groß.*

Wir vergessen unermessliche Schönheiten, während wir vor Papierknäueln niederknien. Diese Welt ist groß. Hören wir auf, sie für klein und berechenbar zu halten. Auch ein einzelner Tag ist groß. Und Sie haben Zeit, sich die Sonne ins Gesicht scheinen zu lassen. Zeit, mit Gott und sich selbst Frieden zu schließen.

## Bei Regen in Neumünster

Viele halten mich für einen unverbesserlichen Optimisten. Sie können sich gar nicht vorstellen, dass ich auch mal einen schlechten Tag habe. Aber solche Tage gibt es. Ich tappe manchmal halbblind durch die Gegend, müde und missgelaunt, und genau dann passieren auch noch unangenehme Fehler. Wie heute.

Ich fahre mit dem Zug in einen falschen Ort und muss wieder umdrehen. Eine Frau steigt ein und fragt mich: „Geht dieser Zug nach Hamburg?" Ich weiß es nicht. Hauptsache, er fährt wieder zurück, aber wo genau hin, kann ich nicht sagen. Ich bin nur gefrustet über meinen orientierungslosen Tag. So zucke ich die Achseln und murmele: „Keine Ahnung, wo der hinfährt."

*Alles ist schiefgelaufen, was schieflaufen konnte. In dieser geballten Ladung ist es schon wieder lustig.*

Sie schaut mich verwirrt an. Dann lächelt sie. „Sie steigen einfach so in einen Zug …?"

In Neumünster verpasse ich auch noch meinen Anschluss. Ich spaziere in den Regen hinaus, muss eine Stunde in diesem Ort verbringen, in den es mich ungewollt verschlagen hat. Es ist dunkel, die Läden haben schon geschlossen. Plötzlich Feuerwehrautos, Menschen mit Fackeln, eine Blaskapelle – und der gesamte Ort zieht an mir vorüber. Kinder mit Lampions, alle marschieren tapfer durch den Regen. Erst stehe ich mit meinem Koffer am Straßenrand, dann marschiere ich mit und ziehe den Koffer hinterher.

Ich muss grinsen. Es kommt mir reichlich surreal vor. Fremde Menschen um mich herum, die mickrige Blaskapelle, der Regen. Wir marschieren durch den Ort.

Alles ist schiefgelaufen, was an diesem Tag schieflaufen konnte. Ich schwanke zwischen verzweifelter Wut und Galgenhumor. In dieser geballten Ladung ist das Misslingen schon wieder lustig, finde ich.

Vielleicht wäre ich ohne mein heutiges Missgeschick nie bei Regen mit der Bevölkerung von Neumünster durch ihren Ort gezogen, ein Fremder mit Koffer, der sich den Einheimischen angeschlossen hat.

## Die Welt gestalten

Eine gesunde Demokratie lebt davon, dass das Volk herrscht. Wir sind das Volk – aber wir wollen nicht mehr herrschen. Wir übergeben die Verantwortung für unser Wohl und Wehe dem Staat, der Staat soll's übernehmen und uns versorgen. Wir ziehen uns währenddessen zurück ins Privatleben. „Cocooning" nennt man diesen Prozess,

nach dem Kokon, in den sich eine Schmetterlings-
raupe einspinnt. Hauptsache, ich komme klar, die
anderen sollen selber sehen.

Die SPD hat zwischen 1980 und 2009 400.000
Mitglieder verloren, nur noch 500.000 sind ihr geblieben. Die CDU rechnet parteiintern damit, dass
sich die Mitgliederzahl in den nächsten 10 bis 15
Jahren halbiert, von 500.000 auf 250.000. Die FDP
hat mit nur 72.000 Mitgliedern 93 Abgeordnete im
Bundestag, 15 Prozent der Sitze. Die Grünen haben
weniger als 50.000 Mitglieder (und 10 Prozent der
Sitze im Bundestag).

Kein Wunder, sagen Sie, die Parteien sagen doch
inzwischen alle das Gleiche, es steht keiner mehr
auf und vertritt wirklich eine Meinung! Und überhaupt, die da oben wirtschaften sich in die Tasche.
Um uns kümmert sich keiner.

Ich glaube auch, wenn die Parteien klarer Meinung beziehen würden, gäbe es ein stärkeres Interesse an der Politik in der Bevölkerung. Andererseits: Wissen Sie und ich überhaupt Bescheid, was
die Menschen tun, die wir gewählt haben, damit
sie uns regieren? Wenn wir ehrlich sind, reicht's oft
nur zur Schlagzeile in der Tageszeitung. Wir me-
ckern vor uns hin, und dann ziehen wir uns in den
Kokon zurück, in unsere Wohnung. Tür zu – wenn

wir es warm und kuschelig haben, ist uns der Rest egal. Wer engagiert sich noch?

Ein Extrembeispiel aus einer Zeit, als in Deutschland ein Diktator herrschte: Die Mitglieder der *Weißen Rose*, darunter Sophie und Hans Scholl, verteilten 1942/43 Flugblätter mit Warnungen wie: „Hitler führt das deutsche Volk in den Abgrund." Sie forderten zum Widerstand gegen die Nazis auf. Nachts sprühten sie in München „Hitler Massenmörder!" an die Wände. Am 18. Februar 1943 verteilten Hans und Sophie Scholl Flugblätter in der Münchner Universität und wurden erwischt. Noch am selben Tag wurden sie hingerichtet. Hans war 24, Sophie 21 Jahre alt.

Lange hatten sie darüber debattiert, ob es richtig sei, einzugreifen; ob ein Christ nicht demütig sein sollte und ertragen sollte, was ihm zustößt. Schließlich aber hatten sie sich zum Handeln entschlossen.

Theodor Haecker, ein Freund der beiden und einer der geistigen Väter der *Weißen Rose*, schrieb in seinem Buch *Der Christ und die Geschichte:* „Die Mitarbeit des freien Menschen an der Gestaltung dieser Welt, an der Geschichte also, wird vom Christen in der Regel unterschätzt, indem er sie entweder allein Gott oder fast allein dem Teufel zuschreibt, so sehr, dass ein christlicher Zynismus gegenüber der Geschichte möglich ist."

Nach der Festnahme der Geschwister Scholl wurde auch Theodor Haecker von der Gestapo verhört. Er lebte noch bis 1945 und schrieb, obwohl ihm das Veröffentlichen untersagt war, nachts die *Tag- und Nachtbücher* nieder, die 1947 posthum veröffentlicht wurden.

*Ich bin nicht mehr derselbe, wenn ich für das Gute kämpfe.*

Ich bin froh, dass wir nicht wie damals in einer Zeit der Unterdrückung und Gewalt leben. Zu tun gibt's aber auch heute genug. Lassen Sie uns nicht dick und bequem werden, dafür sind wir Menschen nicht gemacht. Wir tragen in uns eine positive Unruhe, einen Gestaltungswillen, seit wir den Auftrag erhielten, *Hüter dieser Erde* zu sein. Erst dieser Gestaltungswille macht uns zu Menschen.

Ich wünsche Ihnen und mir edle Träume. Träume, die uns auf verrückte Wege führen, auf leidenschaftliche Wege. Vielleicht gehört dazu, „die da oben", die uns regieren, mehr zu unterstützen, oder sie zu kritisieren und Vorschläge zu machen. Kein Politiker zu sein heißt nicht, dass man keine Verantwortung trägt.

Wenn wir tief in uns forschen, werden wir feststellen, dass wir unglücklich sind ohne Verantwortung. Ein Leben ohne Bedeutung, ohne Wirkung, das wird fade. Wenn wir allein dafür leben, dass unsere eigenen Bedürfnisse gestillt werden und wir es bequem haben, macht uns das unzufrieden.

Rainer Maria Rilke schrieb schon 1903 im *Stunden-Buch:* „Sie gehn umher, entwürdigt durch die Müh, sinnlosen Dingen ohne Mut zu dienen."

Wenn ich mir vornehme, etwas aufzubauen, dann verändert mich das. Ich bin nicht mehr derselbe, wenn ich für das Gute kämpfe, die Luft riecht frischer, ich sehe klarere Farben, das Essen schmeckt mir wieder.

Wagen Sie es: Schlüpfen Sie aus dem Kokon.

## Die Hummel

Im Sommer lag auf dem Fußboden im Hausflur eine Hummel. Sie lebte noch, aber sie konnte sich kaum mehr bewegen. Sicher war sie durchs Kippfenster ins Haus geflogen und hatte nicht mehr nach draußen gefunden. Ich habe sie ins Freie gesetzt und bin wieder in die Wohnung gegangen.

Toll, jetzt stirbt sie also unter freiem Himmel, dachte ich. Sie sollte leben! Ich nahm einen Löffel Honig, benetzte den kleinen Finger mit Wasser und ging wieder hinaus zu ihr. Das Wasser wollte sie nicht, aber als ich ihr den Honiglöffel hinhielt, öffneten sich die kleinen Mundwerkzeuge. Die Zunge kam heraus und schleckte Honig. Ich vermischte den Honig mit Wasser, damit sie ihn besser trinken konnte.

Hummeln haben eine lange rote Zunge, es war das erste Mal, dass ich sie sah. Je länger die Hummel Honig fraß, desto aufgeregter wurde sie. Sie fing an zu zittern, und ihr Hinterleib pulste. Ist es das Herz, das wieder kräftiger schlägt, oder die Atmung?, fragte ich mich.

Irgendwann hörte die Hummel auf zu fressen. Sie saß noch einige Momente still da, dann flog sie los.

Julia schrieb mir eine Mail, um mir das Pulsen des Hummelleibs zu erklären:

„Als du die Hummel gefüttert hast, sind wahrscheinlich wirklich ihre Lebensgeister wieder erwacht. Sie hat zwar ein Herz und Blut, allerdings erfüllen diese nicht die gleichen Funktionen wie bei

Säugetieren. Als die Hummel mit ihrem Hinterleib gepumpt hat, hat sie tatsächlich geatmet.

Insekten haben sogenannte Tracheen als Atemsystem. Das sind fein verzweigte Röhren, die den ganzen Körper durchziehen. Durch dieses Röhrensystem pumpen die Hummeln dann die Luft, indem sie den Hinterleib immer wieder zusammenpressen. Da sie kein Blut haben, das den Sauerstoff transportiert, müssen sie es eben so machen. Hummeln haben zwar Blut, allerdings transportiert es nur Nähr- und Abfallstoffe.

*Ein pelziges kleines Tier – und so faszinierend.*

Was ich an den Tracheen noch spannend finde: Wenn sich Insekten häuten, dann häuten sie jede der feinen Tracheen mit. Das ist schon eine Leistung. Dieses Tracheensystem muss man sich wie unser Adersystem vorstellen. Die Öffnungen am Hinterleib, wodurch die Luft herein- bzw. herausgelassen wird, heißen übrigens Stigmen.

Ein weiterer sehr interessanter Punkt sind die Flügelherzen. Fluginsekten haben an den Ansätzen der Flügel jeweils eine kleine Pumpe, das sogenannte Flügelherz, die das Insektenblut in die Flügel pumpt. Antennen und Beine haben auch jeweils eine eigene Pumpe, also ein eigenes Herz."

Erstaunlich, oder? Ein pelziges kleines Tier, und es ist so faszinierend. Die Hummel hat mich berührt. Ich war erkältet, hatte fast keine Stimme und sollte am Abend in Northeim aus dem *Mysterium* lesen. Außerdem sollte ich die Leseprobe des neuen Romans fertigstellen, und konnte nichts Gutes zu Papier bringen. Der Tag war ein Misserfolg. Trotzdem war ich glücklich. Ich hatte ein kleines pelziges Geschöpf gefüttert, und es flog wieder.

## Facebook oder echte Freunde

Auf der Welt leben immer mehr Menschen. Allein in China und Indien sind es inzwischen so viele, wie am Ende des 19. Jahrhunderts auf allen fünf Kontinenten lebten. Dabei zeichnet sich ein interessantes Phänomen ab: Wir isolieren uns voneinander.

Wir kommunizieren mehr – und gleichzeitig weniger.

Über Twitter, Blogs, Skype, Instant Messenger, StudiVZ und Facebook reden wir den ganzen Tag mit mehr Gesprächspartnern als je zuvor. Am liebsten würden wir dauerhaft online bleiben, um keine Mail zu verpassen und keinen Tweet, keinen neuen Blogeintrag und keine Notiz bei Facebook zu übersehen.

Wir bekämpfen die Einsamkeit mit zahlreichen oberflächlichen Beziehungen. „Freunde" in den Social Networks des Internets sind nicht das Gleiche, was Freunde früher einmal waren. Menschen tragen sich im Internet in unsere Freundesliste ein, und wir denken verunsichert: Ist das ein Freund? Ich kenne ihn kaum! Trotzdem klicken wir auf „akzeptieren". Die lange Liste beruhigt uns, wir können ja gar nicht allein sein, da stehen doch fünfundachtzig Freunde an unserer Seite, immer, wenn wir den Computer einschalten.

Tiefe Freundschaften sterben aus und vielleicht wollen wir sie auch gar nicht mehr haben. Uns ängstigt, dass wir gebraucht werden könnten, wenn es uns gerade nicht passt – eine echte Freundschaft schaltet man nicht mit dem Computer aus. Uns ängstigt, dass wir uns auch einmal zeigen müssten, wenn wir schlecht gelaunt sind. Der Freund könnte unsere Schwächen erkennen, die wir im Internet so gekonnt verbergen. Unseren Facebook-Auftritt füttern wir mit halbwahren Informationen, bis wir für den gehalten werden, der wir gerne wären. Das wahre Ich zeigen wir nicht mehr, wir trauen niemandem zu, uns auszuhalten.

Würde uns ein wirklicher Freund überhaupt mögen? Wir lassen es nicht mehr darauf ankommen. Die Maske des virtuellen Lebens versteckt und beschützt uns. Wir sind sehr verletzlich geworden. Sollte uns doch einmal jemand kritisieren oder ungerecht behandeln, müssen wir keine Versöhnung mehr erarbeiten, sondern können ihn einfach von der Freundesliste löschen und mit ein paar Klicks jeden künftigen Kontaktversuch unterbinden.

*Wir kommunizieren mehr – und gleichzeitig weniger.*

Neulich habe ich mein Portemonnaie nicht gefunden. Sofort schoss mir durch den Kopf: „Gib's doch mal bei Google ein." Den Irrsinn dieser Idee begriff ich erst Augenblicke später und musste über mich lachen.

Das Internet beschleunigt mühsame Aufgaben und gibt mir Macht, aber es lässt mich gleichzeitig innerlich verhungern, wie eine künstliche Nahrung, die nicht satt macht. Ich treffe virtuell ein Dutzend Leute, und sehne mich immer noch nach einem Gespräch, nach einem gemeinsam verbrachten Abend.

Seitdem ich das bemerkt habe, treffe ich Freunde wieder öfter live und verabrede mich, anstatt nur zu mailen. Ich fahre häufiger nach Berlin, wo die meisten meiner Freunde leben. Mir geht es besser damit. Ich habe Freunde, die mich auch schlecht gelaunt kennen und mich trotzdem mögen, solche, die mich anrufen, wenn sie Hilfe brauchen, und die ihrerseits mich in schwierigen Zeiten unterstützen.

Geben wir diesen Schatz nicht verloren! Tiefe, lebenslange Freundschaften sind das Heilmittel zur virtuellen Welt allein zu Hause vorm Computer.

## Ich verstehe das Leben nicht

Manchmal fahre ich schwarz. Nicht absichtlich. Wenn ich am Zielort ankomme, stempele ich nachträglich – weil ich die Verkehrsgesellschaft nicht um ihre Einnahme betrügen will, ich war einfach nur vergesslich. (Einmal hatte ich auch das nachträgliche Stempeln vergessen, und habe es am nächsten Tag nachgeholt, indem ich gleich zwei Fahrscheine stempelte. Es gab eine Kontrolle, und ich zeigte grinsend meine Fahrkarten: „Ich hab sogar zwei!" Die Kontrolleurin hat sicher gedacht, ich habe nicht alle Tassen im Schrank.)

Diese Woche wurde ich erwischt. Ich hatte die Hinfahrt gestempelt, bei der Rückfahrt hatte ich's vergessen – und musste 40 Euro bezahlen. Außerdem wurde ich auf der Autobahn geblitzt, es war unverständlicherweise auf 100 runtergedrosselt worden, keine Baustelle, gar nichts, und wir sollten 100 fahren; ich fuhr 120, und hinter einer Brücke, ganz fies, stand der Blitzer. Ebenfalls diese Woche hatte ich vor der Autowerkstatt geparkt und den Autoschlüssel abgegeben, damit mir die Winterräder aufgesteckt wurden. Noch bevor die Automechaniker das Auto reinholen konnten – es ging um Minuten – hatte ich einen Strafzettel an der Scheibe.

Ich bin ein geduldiger Mensch, aber da fing ich an, mich zu ärgern. Überall erzählte ich, mal wütend, mal mit Galgenhumor, von meinen drei Strafgebühren. Was für eine Woche!

Heute Abend lernte ich K. kennen. Sie war gerade für ein Jahr auf den Philippinen, hat sich dort um Straßenkinder gekümmert, und sich in einen Mann verliebt. Er verliebte sich ebenfalls in sie, sie schlossen Freundschaft. Jetzt ist sie wieder hier, weil er erschossen wurde. Sie sagt es ohne Tränen in den Augen, sie bleibt ruhig dabei, ihr Gesicht eine Mauer. Trotzdem springt mich eine fürchterliche Erschütterung an, ein Entsetzen, sosehr sie ihren Schmerz auch zu verbergen sucht.

Ich denke an meine Strafzettel. Das Leben ist absurd in seiner Weite und in seiner plötzlichen Enge, für K. Meine Strafzettel sind Monopolygeld, während sie bare Münze bezahlen muss. Meine Alltagssorgen, die mich so schwer bedrücken, sind Kieselsteine in der Hosentasche, und sie schleppt einen Betonblock.

Ich fühle, dass ich Teil von diesem Leben bin, ich bin im selben Haus, auch wenn mich Tausende Kilometer von den Philippinen trennen. Ich lebe auf einem Planeten, dessen Bewohner hingerichtet werden, ermordet, vernachlässigt, wo Menschen einsam sind, wo sie verzweifeln. Mal ist das Leben eine zarte Pflanze in Geschenkpapier, die Knospen kurz vor der Blüte, und mal eine Stange Dynamit, die einem die Hand wegreißt, wenn man sie auspackt.

Über all dem steht Gott. Ich begreife es nicht. Ich weiß nicht, wie er es aushält, dass für manche dieses Leben ein Desaster ist. Und ich weiß nicht, ob ich es aushalten würde, wenn mein Geschenk eine Zündschnur hätte.

Ich muss an Jörgen denken, den ich neulich angerufen habe. Er klang seltsam am Telefon, so verletzlich. „Weißt du, wo ich bin?", hat er gefragt. Seine Stimme war schwach.

„Wo denn?", sagte ich verunsichert.

„Ich bin im Krankenhaus. Hatte einen Zuckerschock. Ich bin dem Tod gerade noch mal von der Schippe gesprungen."

*Er war tatsächlich dankbar dafür, am Leben zu sein.* Weil ich nichts zu sagen wusste, habe ich ihm Fragen gestellt. Ob er allein im Zimmer sei. Nein, sagte er, ein älterer Herr sei außer ihm darin untergebracht. Ob das Wetter in seinem Ort besser sei als bei mir, ob ein wenig die Sonne ins Fenster scheine. Nein, antwortete er, auch bei ihm sei es ein kalter, regnerischer Tag.

Und dann sagte er: „Weißt du, Titus, ich bin dankbar für jeden Tag, den ich noch lebe." Da war keine Anklage in seinen Worten. Er sagte es sanft. Glücklich. Die Weisheit eines alten Mannes, in all seinem Leiden: eine friedliche Güte, die mich wie ein Wunder ankam. Er war tatsächlich dankbar dafür, am Leben zu sein.

Meine drei Strafzettel sind immer noch da. K.s Freund auf den Philippinen ist tot. Jörgen ist im

Krankenhaus. Und ich bin erschüttert. Ich habe heute verstanden, dass das Leben nicht selbstverständlich ist. Es ist ein vertracktes Rätsel. Ein kosmisches Wunder. Es ist zugleich ein Entlangschrammen am Tod, und ein Wachsen und Entfalten. Es ist Krieg. Es ist ein Sommernachmittag. Ich verstehe es nicht. Will es wieder vorsichtiger in die Hände nehmen.

## Spatzenschwärme und tanzende Blätter

Ich stehe am Bahnsteig und warte auf den Zug. Wie alle anderen Erwachsenen bin ich in Höflichkeitsstarre verfallen. Ich spreche niemanden an, sehe niemandem in die Augen, mein Blick wandert brav von der Uhr zum Gleis und zurück, und dabei stehe ich regungslos auf meinem Platz, mit einigen Metern Abstand zum nächsten Reisenden. Wir lassen uns nicht anmerken, dass wir uns gegenseitig wahrnehmen.

Da wirft ein Fünfjähriger die Bahnsteigordnung durcheinander. Er geht zur nächsten Mülltonne, beugt sich über ihren Rand und guckt hinein. Seine Mutter nimmt ihn an der Schulter und zieht ihn zurück. „Lass das!"

Er reißt sich los und rennt zu einer weiter weg gelegenen Mülltonne. Auch dort schaut er hinein. Beinahe verschwindet sein Kopf darin. Er holt nichts heraus, er ist einfach nur neugierig. „Das ist ekelhaft, lass es!", ruft seine Mutter empört.

Ich muss schmunzeln. Es gehört zu unserer angelernten Konvention, dass wir uns für den Müll nicht interessieren. Wir haben höchstens ein mitleidiges Lächeln übrig für den Menschen, der mit einem orangefarbenen Elektromobil vorfährt und die Bahnsteig-Mülltonnen ausleert. Aber dieses Kind! Es stellt sich vor Neugier auf die Zehenspitzen und guckt, was die Leute so weggeworfen haben.

Kinder stellen noch Fragen. „Warum lebt da eine Maus unter den Gleisen?" „Wieso geht die Uhr nicht rückwärts?" „Warum ist der Zug rot?" Kinder staunen. Kinder beobachten viel genauer als wir, die wir meinen, schon alles gesehen und begriffen zu haben.

Wir dürfen das Staunen nicht verlieren. Wir müssen uns berühren lassen von dem, was wir sehen. Unsere Seelenhaut darf nicht taub und abgestumpft sein, sie muss einen feinen Tastsinn haben.

Auf der Straße lag eine Kastanie. Ich hob sie auf und umschloss sie mit der Faust, fühlte ihre angenehme glatte Härte. Ich öffnete die Faust und besah die Kastanie. Aus diesem braunen Stück mit dem weißen Fleck wird einmal ein Kastanienbaum wachsen, dachte ich. Ein Wunder.

*Unsere Seele muss einen feinen Tastsinn haben.*

Überhaupt ist der Herbst zauberhaft. Das Laub fällt auf die Straße, und den Autos fliegt beim Fahren ein Schweif von gelben und roten Blättern nach, wie von Magie, die Blätter tanzen ihnen hinterher. Ich mag auch die Luft. Zu keiner anderen Jahreszeit atme ich so tief ein wie im Herbst, die erdige Frische füllt meine Lungen bis in den letzten Winkel. Der Himmel scheint weiter weg zu sein, er ist weiter aufgespannt. Spatzenschwärme werfen sich in den Wind.

# Eine Welt ohne Tiere?

Stellen Sie sich vor, von einem Tag auf den anderen wären alle Tiere verschwunden. Kein Amselgesang am Morgen, sondern völlige Stille. Keine Katze, die um Ihre Beine streicht. Keine Rehe auf dem Feld. Kein tschilpender Spatzenschwarm. Keine Ameisen, die man mit Kekskrümeln füttert. Kein Bussard am Himmel. Kein Marienkäfer zum Punktezählen. Keine Spinne. Kein Hund im Park, der wild über die Wiese tollt. Keine Schafherde. Keine Fische im Bach.

Wenn ich mir eine Welt ohne Tiere ausmale, bin ich plötzlich heilfroh, dass sie da sind. Wie oft geben sie mir Grund zum Lächeln. Sie wecken Ehrfurcht in mir (vor allem die größeren und die giftigen). Ich beobachte sie gern und staune über sie.

Verblüffend, dass wir Dinge in unserer Umgebung in ihrer Bedeutung dermaßen unterschätzen.

Bei Verwandten auf dem Land wollte ich die Hühner besuchen. Ich ging auf ihren Hof. Hühner und Hahn umringten mich neugierig. Ein Huhn fand die Schnürsenkel meiner Schuhe und zog daran, bis sich die Schleife aufgelöst hatte. Da ging wildes Picken los. Zehn Hühner packten im Wechsel das Schnürsenkelende – einen vermeintlichen Regenwurm – und zogen daran. Ich riss das Band immer wieder los, lachte lauthals und tanzte von einem Bein aufs andere inmitten der Hühnerschar. Sie reckten die Hälse und fassten mit den Schnäbeln nach den herabhängenden Senkeln. Ich ging einen Schritt. Sofort waren sie wieder um mich. Wie fühlt sich Hühnerpicken durch das Wildleder der Schuhe an? Es kitzelt, und man ist sich plötzlich nicht mehr sicher, ob die Hühner den Angriff ernst meinen oder selbst fröhlich Theater spielen.

Pferde! Wie könnte ich die Pferde vergessen! In meinen Augen sind sie die anmutigsten Tiere auf dieser Erde. Sie haben von Gott Schönheit erhalten. Ich könnte sie mir stundenlang ansehen.

Am Beispiel der Pferde können wir eine weitere Eigenschaft der Tiere schätzen lernen: Wir können in Beziehung zu ihnen treten und sie zähmen. Manche Tiere lernen, uns zu vertrauen, und es entsteht eine echte Freundschaft.

Kürzlich habe ich eine rührende Geschichte über ein Pferd namens Toscana gehört. Die Stute ist erblindet, sie sieht nur noch schemenhaft hell und dunkel und findet nicht einmal mehr von der Weide herunter. Drei Frauen teilen sich das Versorgen des Tieres. Das Erstaunliche ist: Toscana vertraut ihren Reiterinnen so sehr, dass sie sich blind von ihnen durchs Gelände reiten lässt. Nicht nur im Schritt, sondern auch in Trab und Galopp!

*Tiere geben mir Grund zum Lächeln.*

Ohne zu sehen, wohin es geht, durch die Landschaft zu galoppieren – ich weiß nicht, ob es einen größeren Vertrauensbeweis gibt. „Wir sind jetzt ihre Augen", sagte mir eine der Reiterinnen. „Früher haben wir uns beim Reiten zur Seite gedreht und uns unterhalten. Jetzt schauen wir aufmerksam nach vorn. Toscana sieht ja nichts mehr und braucht uns. Sie reagiert auf die feinsten Signale."

Sehen wir uns in den nächsten Tagen einmal bewusst nach Tieren um. Genießen wir ihre Gegenwart, statt uns über das laute Vogelzwitschern am Morgen oder den bellenden Hund des Nachbarn zu ärgern. Es ist gut, dass sie da sind.

# Kluge Rehe

or ein paar Wochen war ich mit meinem Bruder im Wald und habe Rehe beobachtet. Ich staunte, dass sie uns relativ nah herankommen ließen, bevor sie sich – nicht panisch, sondern mit lässigen Sprüngen – entfernten. Jetzt weiß ich, warum.

Ich habe gestern in einem Hotel mit Peter Wohlleben am Mittagstisch gesessen. Peter ist Förster. Ich dachte, das ist die Gelegenheit, um zu fragen, ob es Förster manchmal nervt, wenn man die Wege im Wald verlässt und zwischen den Bäumen entlangspaziert, weil man damit ja die Tiere erschreckt.

Das störe überhaupt nicht, hat er gesagt. Und es sei auch kein Stress für die Tiere. Die Rehe hätten uns nämlich sofort als Spaziergänger identifiziert: Wir waren laut, also waren wir keine Gefahr. Aus diesem Grund hätten sie uns unbesorgt nahe an sich herangelassen. Was die Tiere unter Stress setze, sagte er, seien die Jäger. Da würden sie schon auf weite Distanz hin fliehen.

Ich lernte von Peter, dass Rehe sogar die Autos der Jäger am Motorgeräusch erkennen. Die Tiere können einen VW Golf vom anderen VW Golf unterscheiden, weil der Motor nicht gleich klingt. Kommen die Jäger, fliehen sie sofort. (Deshalb leihen sich manche Jäger fremde Autos, wenn sie zur Jagd in den Wald fahren.) Ich war beeindruckt. Dass die Tiere den Unterschied zwischen Spaziergängern und Jägern begreifen und uns sofort einordnen – der ist keine Gefahr, der geht hier nur spazieren –, hätte ich nicht gedacht.

Wenn ich mir vorstelle, dass einmal Kinder auf die Welt kommen, und es gibt keine Eisbären mehr, keine Tiger und keine Nashörner (alle drei Tierarten sind vom Aussterben bedroht), dann erfüllt mich Bedauern. Jeden Tag sterben laut Statistik rund 150 Tier- und Pflanzenarten aus. Nach Berechnungen der Umweltorganisation WWF ging die biologische Vielfalt auf der Erde zwischen 1970 und 2005 um 27 Prozent zurück. Das heißt, wir haben in nur 35 Jahren ein Viertel unserer Tier- und Pflanzenarten verloren.

Manchmal gelingt uns eine Kehrtwende. Der Bestand der Amur-Leoparden hat sich erholt, es gibt mittlerweile wieder fast vierzig Tiere. Vom Annamiten-Nashorn leben nur noch acht. Das ist alles weit weg, da fühlen wir uns nicht verantwortlich, nicht wahr? Aber auch in Deutschland sterben

Tiere aus, jede dritte Wirbeltierart in unserem Land ist gefährdet und steht auf der Roten Liste. Angela Merkel musste zu Beginn des Jahres 2010 eingestehen, dass es bisher nicht gelungen sei, das Artensterben in Deutschland aufzuhalten.

*Dass Tiere zwischen Spaziergängern und Jägern unterscheiden können, hätte ich nicht gedacht.*

Für einige Tierarten gibt es Hoffnung. Im Bayerischen Wald und im Harz leben wieder Luchse. Und in der Elbe schwimmen Biber. Das ist gut. Die Kinder, die dieses Jahr zur Welt kommen, sollen nicht eines Tages in schweigenden, toten Wäldern spazieren gehen – sie sollen genauso viel zu entdecken haben wie ich.

## Das Geheimnis guter Bücher

Schreiben Sie bitte noch etwas in unser Gästebuch." Man legt mir ein Buch von enormen Ausmaßen vor. Ich bekomme Schweißausbrüche. Mit gezücktem Stift sitze ich über der Seite und weiß: Ich werde versagen. Während die Gastgeber alle anderen zur Ruhe bringen – „Seid leise! Der Genius überlegt!" –, wird mir bewusst, dass meine Niederlage auf ewig in diesem Buch bezeugt sein wird.

Schriftsteller schreiben nicht besser als die anderen. Sie überarbeiten häufiger. Schriftsteller wissen: Die erste Fassung ist Schrott.

Das ist das Geheimnis guter Bücher. Der Text wurde vielfach überarbeitet, geschliffen, gefeilt. Er wirkt leichtfüßig, als hätte ihn der Autor in einem fröhlichen Rausch niedergeschrieben. Aber glauben Sie mir, das ist bei keinem Buch der Fall. Texte brauchen eine Menge Arbeit, bis sie gut werden.

Das Schlimme ist, dass ich so viel Respekt vor Wörtern habe. Ich studiere jedes Wort auf der Milchpackung, jede noch so kleine Zutat lese ich vom Müslietikett herunter. Auch in Zeitschriften kann ich nichts überspringen, nicht einmal das Impressum, jedes abgedruckte Wort verdient es, wahrgenommen und verstanden zu werden.

Meine Versuche, eine Tageszeitung zu abonnieren, wurden zur Katastrophe. Ich verbrachte ganze Vormittage damit, die Zeitung komplett zu lesen. Dadurch verlor ich die halbe Woche, die Hälfte meiner Lebenszeit. Wütend nahm ich die Zeitung aus dem Kasten, gierig und zugleich angewidert las ich sie durch, und müde brachte ich sie zum Papiercontainer. Einer wie ich darf keine Tageszeitung kaufen.

Diese enge Verbindung zu Wörtern habe ich leider auch, wenn ich selbst etwas schreibe. An guten Tagen macht das nichts, aber wenn mir ein Kapitel missrät, schleiche ich um den Manuskriptausdruck herum und kann es nicht ertragen, ihn anzusehen. Es ist mir eine Qual, die ich körperlich spüre, bis hin zum Brechreiz. Überwinde ich mich und versuche am Schreibtisch einen erneuten Anlauf, genügt es schon, ein oder zwei Zeilen zu lesen, dann muss ich aufspringen und mich vom Text entfernen, als müsste ich mich in Sicherheit bringen.

Was ist die Lösung? In der siebten Klasse gefiel ich mir in der Rolle des Verächters. Sonst waren meine Schulhefte gepflegt gewesen – in jenem Jahr waren sie zerfleddert und mit Parolen beschmiert.

So muss ich mit meinem Manuskript umgehen. Dann kann ich als lässiger, illusionsloser General die Wörter aufmarschieren lassen und die schwächsten unter ihnen abkommandieren. Ich schicke sie fort, streiche sie von der Gehaltsliste. Ganze Kompanien entlasse ich: Absätze, Szenen, halbe Kapitel, und es erfüllt mich mit Genugtuung.

Ich knicke die Seiten des Manuskriptausdrucks

mehrfach und stecke sie mir schludrig in die Manteltasche. Ich gehe nach draußen, schlendere in den Park und setzte mich auf eine Bank. Dort falte ich die Seiten wieder auseinander. Wie beiläufig zücke ich den Rotstift und arbeite. Es ist nicht mehr mein eigener geschätzter Text, den ich züchtige, es ist der Text eines anderen. Rohmaterial, das geschliffen werden will.

Überhaupt ist ein Ortswechsel oft eine Hilfe. Im Café schreibe ich gleich viel entspannter. Oder in der Bibliothek, wenn um mich herum Dutzende Studenten über Büchern brüten. Am besten kann ich im Zug schreiben. Es ist keine offizielle Arbeitszeit, sondern Zeit, die ich dem Tag abluchse. Sie gehört zur Reise, aber ich stehle mir ein Stück davon zum Schreiben. Tue ich das, ist das Schreiben nicht mehr so gewichtig, es sind ja nur Notizen auf einer Zugfahrt, kein Grund, jedes Wort akribisch abzuwägen.

*Zu viel Respekt macht uns blind für ungewöhnliche Lösungen.*

Das ist ein Teil des Autorenberufs: Sich immer wieder Kniffe einfallen zu lassen, wie man seine Versagensängste bezähmt.

Die meisten von Ihnen werden andere Berufe haben und einen anderen Alltag als ich. Aber das

Prinzip lässt sich auf viele Situationen übertragen. Könnte es sein, dass wir manches im Leben zu ernst nehmen? Ein Zuviel an Respekt kann uns blind machen für ungewöhnliche, freche Lösungen. Und oft sind das die besten.

## Ein Kuss nach sechzehn Jahren

Im Jahr 1993 kam Carmen Ruiz-Perez für einen Sprachkurs nach England. Sie verliebte sich in Steve Smith und er sich in sie. Die beiden blieben ein Jahr lang zusammen, dann musste die gebürtige Spanierin nach Frankreich zurückkehren. Die Beziehung versandete.

Jahrelang hatten die beiden keinen Kontakt zueinander. Aber Steve Smith konnte seine große Liebe nicht vergessen. Irgendwann schickte er ihr einen Brief an die Adresse ihrer Mutter: „Ich hoffe, dir geht es gut. Ich schreibe dir, weil ich fragen wollte, ob du jemals geheiratet oder an mich gedacht hast?"

Der Brief, noch ungeöffnet, rutschte vom Kaminsims und blieb verschollen. Erst zehn Jahre später entdeckten Bauarbeiter den Umschlag bei Renovierungen hinter dem Kamin. Sie schickten ihn an Carmen Ruiz-Perez.

Weil die 42-Jährige so nervös war, rief sie Steve Smith nicht gleich an. Es war immerhin fast zehn Jahre her, dass er den Brief geschrieben hatte, und sie wusste nicht, was er inzwischen dachte. Aber schließlich nahm sie all ihren Mut zusammen und griff zum Telefon.

*Ich sollte meine Angst, abgelehnt zu werden, ruhig öfter überwinden.*

Steve und Carmen verabredeten sich in Paris, nach sechzehn Jahren ohne jeden Kontakt. Beim Wiedersehen am Flughafen fielen sie sich sofort in die Arme. Es dauerte keine Minute und sie küssten sich.

Die beiden haben dieses Jahr geheiratet und leben nun gemeinsam in Paignton, Südwestengland. Weil Steve so mutig war, Carmen in einem Brief zu fragen, ob sie noch an ihn dachte, wie er an sie. Und weil Carmen so mutig war, Steve auf einen zehn Jahre alten Brief hin anzurufen.

Welche Lehren wollen Sie daraus für Ihr Leben ziehen? Ich lerne aus der Geschichte, dass ich meine Angst, abgelehnt zu werden, ruhig öfter überwinden sollte. Es kann wunderbare Folgen haben.

# Wenn er mich liebt ...

*L*ena war heute nicht gut drauf. Sie brauchte Trost, sie brauchte das Gefühl, von mir geliebt zu sein. Also hat sie sich ein Spiel ausgedacht. Ein Spiel mit nur einer Regel: Ruft Titus mich an, dann liebt er mich – sonst nicht.

Ich arbeitete am Romanmanuskript und habe nicht angerufen. Als sie es nicht mehr aushielt, wählte sie meine Nummer und wir haben uns verabredet. Von ihrem heimlichen Spiel sagte sie kein Wort.

Bei ihr angekommen, fragte ich sie, wie es ihr gehe. „Gut geht's." Eine halbe Stunde später fragte ich noch einmal. „Gut!", antwortete sie. Später fiel mir erneut ihr nachdenklicher Gesichtsausdruck auf und ich fragte ein drittes Mal. Da sagt sie: „Mir geht es nicht so gut. Ich kann mich selbst nicht mehr fühlen. Ich weiß nicht mehr richtig, wer ich bin."

Oje. Das Gefühl kenne ich! Manchmal hält es tagelang an. Man mag sich nicht leiden. Mit allem, was man tut, ist man sich unsicher, weiß plötzlich nicht mehr, wo die eigenen Fähigkeiten liegen, und zweifelt an jedem Handgriff.

Ich habe versucht, Lena zu trösten. Dann fragte ich: „Warum hast du mir nichts davon gesagt?"

Ihre Antwort war ein stiller Vorwurf. „Ich dachte, du weißt das."

„Woher?", sagte ich. „Ich kann keine Gedanken lesen."

Lena beichtete mir ihre Hoffnung, dass ich anrufen würde, und ihre innere Verabredung, dass sie daran erkennen würde, ob ich sie liebe. Mir klappte die Kinnlade runter ... Aber mache ich es nicht oft genauso?

*Sagen Sie Ihren Mitmenschen, was Sie sich wünschen!*

Nehmen Sie diese Geschichte zum Anlass, bitte, bitte, bitte: Sagen Sie Ihren Mitmenschen, was Sie sich wünschen! Erzählen Sie ihnen, wie Sie sich fühlen. Sonst wissen das selbst Ihre engsten Freunde und Familienangehörigen nicht.

Und tappen Sie nicht in die Falle, etwas zu denken wie: Wenn sie mich lieben würde, dann würde sie das Wohnzimmer aufräumen ... Wenn er mich lieben würde, dann würde er mich jetzt in den Arm nehmen ... So etwas dürfen Sie nur in einem Fall denken – wenn Sie vorher den Wunsch geäußert haben.

# Witzige Namen

Kürzlich signierte ich einer Frau ein Buch, die hieß Erika Steinkrake. Ein fantastischer Name! Den könnte sich ein Autor nicht besser ausdenken. Wussten Sie, dass Deutschland zu den Ländern mit den meisten unterschiedlichen Nachnamen gehört? Es gibt bei uns mehr als 900.000 Namen.

In China teilen sich 1,3 Milliarden Menschen nur 400 Familiennamen. Da könnten wir ein paar abgeben. Wie halten sich die Chinesen überhaupt auseinander? Gibt es als Ausgleich mehr Vornamen? Ich möchte nicht im chinesischen Telefonbuch nach jemandem suchen müssen.

Vielfalt ist toll.

Entdecken Sie auch manchmal ein Wort, das Sie noch nie gehört haben? Lena ging es so mit dem Wort Muschebubu. So nannten wir im Südosten Deutschlands eine gemütliche Stimmung bei Schummerlicht, zum Beispiel ein langes, romantisches Gespräch im Kerzenschein. Seit sie das Wort gehört hat, sagt sie es bei jeder Gelegenheit und lacht darüber.

Es gibt noch mehr lustige Wörter. Raten Sie

mal, was eine Klofußumpuschelung ist! (Na klar: der altmodische Plüschteppich vor einem Toilettenbecken.) Oder eine Personenvereinzelungsanlage. (Eine Drehtür.) Das Ding, was wir beim Einkaufen zwischen den Waren des nächsten Kunden und unseren auf das Förderband legen, wird mancherorts Deins-Meins genannt.

*Achten Sie einmal bewusst auf schöne Namen und neue Wörter.*

Achten Sie einmal bewusst auf schöne Namen und neue Wörter. Man wird nicht zufällig ein Entdecker. Man wird es dann, wenn man sich auf die Suche begibt. Und es gibt da draußen viel zu entdecken …

## Wir lieben ein schweres Leben

Warum hört man eigentlich nie jemanden sagen: „Ich hab's zurzeit so richtig leicht. Die Arbeit geht mir gut von der Hand, meine Ehe macht mich glücklich und ich genieße meine freie Zeit." Warum sagt das keiner? Stattdessen sitzen wir abends am Küchentisch und versuchen, uns gegenseitig damit zu übertrumpfen, wie schwer wir es haben. Einer erzählt ein Problem, und dann sagt der Nächste, dass er einen viel größeren Berg erklimmen muss. Der Dritte lacht nur düster und erklärt, so leicht hätte er es gerne! Er sei aus diesen und jenen Gründen nahe am Nervenzusammenbruch. Alle nicken, Mitgefühl und Bewunderung im Gesicht. Und ich, versucht der Erste es noch einmal, ich hatte mal ein Burn-out-Syndrom!

Dass wir es manchmal schwer haben, wundert mich nicht. Aber ich bin verblüfft darüber, dass wir so stolz darauf sind! Wer sich zu viel auflädt und unter der Last beinahe zusammenbricht, wird als Vorbild hingestellt. Wer sich mit einer gesunden Arbeitslast begnügt und den Rest der Zeit das Leben genießt, den verdächtigen wir der Faulheit und verachten ihn.

Wir klagen gerne: „Ich hab's so schwer! Ja, wenn ich es leicht hätte wie der, aber der hat ja auch mehr Geld und mehr Zeit … und Beziehungen, die er spielen lassen kann."

Wollen wir das denn überhaupt haben: Geld, Zeit und Beziehungen? Auch wenn Sie protestieren, ich wage zu behaupten, dass wir das gar nicht wollen. Wann haben Sie zuletzt jemanden um Hilfe gebeten? Es ist uns doch lieber, alles allein zu stemmen. Hilfe anzunehmen kommt uns wie Schwäche vor, und Schwäche ist etwas für alte Leute, die bald den Löffel abgeben. So denken wir.

Wann haben Sie zuletzt Ihre freie Zeit beschützt? Jemand, der „mehr Zeit hat", wie es uns erscheint, hat sie nur deshalb, weil er sie nicht anfüllt mit Terminen, Verabredungen, Pflichten. Wenn ich über mein Jahr nachdenke, fällt mir auf, dass ich Dinge mit viel Kraftaufwand betrieben habe, die eigentlich wenig bewirken. Sie haben weder mich noch andere Menschen glücklicher gemacht – und wenn, dann nur um eine Winzigkeit. Das hätte ich auch mit einem Blumenstrauß erreichen können oder mit einer netten Postkarte, und ich hätte den Rest der Zeit in der Sonne spazieren gehen können.

Wann haben Sie sich zuletzt von Ihrem Geld etwas gegönnt? Wir lernen aus Fernsehsendungen, Büchern und Zeitschriften, wie wir Geld sparen können, wie wir Steuern umgehen, Zinsen einheimsen und Sonderangebote finden. Aber die Schnäppchenjagd bringt uns Stress ein. Wir kaufen billig Dinge und ärgern uns hinterher darüber, dass sie nichts taugen. Wir hetzen durch die Stadt von Laden zu Laden, um ein paar Cent zu sparen, und verschleudern dabei unsere Gesundheit, denn während unser Herz sich wegen eines verpassten

Angebots verkrampft, hätten wir auch zu Hause ein Entspannungsbad nehmen oder auf einer Parkbank ein Buch lesen können.

Das Lebensideal, von dem wir reden – ein entspanntes, glückliches Leben und Zufriedenheit mit dem, was wir haben –, deckt sich nicht mit dem Lebensziel, das wir ganz offensichtlich verfolgen: eine überhöhte Arbeitslast, um jede Minute auszunutzen und Ansehen zu erlangen.

*Wer sich zu viel auflädt, wird als Vorbild hingestellt.*

Es lohnt sich, die beiden einmal abzugleichen. Was will ich wirklich im Leben? Ist das höhere Ansehen es wert, dafür Jahre oder gar Jahrzehnte über die Arbeitslast zu gehen, die ich eigentlich verkrafte? Will ich ständig „am Limit" entlangschrammen? Das Mitgefühl und die Anerkennung der anderen sind ein Anreiz, aber das Ächzen unserer Seele unter dem ständig überhöhten Druck ist zugleich ein hoher Preis.

Der vierfache Pulitzer-Preisträger Robert Frost brachte es humorvoll auf den Punkt: „Wenn Sie getreulich acht Stunden am Tag arbeiten, werden Sie vielleicht irgendwann zum Chef und dürfen täglich zwölf Stunden arbeiten."

Wir stöhnen, dass wir ausgeliefert sind. Aber

sind wir das wirklich? Insgeheim haben wir selbst das Steuer unseres Lebens in der Hand und könnten sehr wohl in ruhigere Gewässer fahren.

Meine Empfehlung des Tages: „Verschwenden" Sie ruhig mal Zeit für Entspannung.


## Eisenkästen im Weltall


Wir Menschen gewöhnen uns an die merkwürdigsten Dinge. Zum Beispiel daran, erst die Straße zu überqueren, wenn ein grünes Licht angesprungen ist. Diesem Licht vertrauen wir und meinen: Es kann gar kein Auto kommen, wenn es leuchtet. Wir gewöhnen uns an Lederhüllen für unsere Füße. An kleine Plastikscheibchen, die wir aus einer Flüssigkeit nehmen und sie uns in die Augen drücken. Wir gewöhnen uns an Fäden, mit denen wir die Zahnzwischenräume reinigen. (Erinnern Sie sich daran, wie seltsam es beim ersten Mal war?) Wir gewöhnen uns an die zarte Berührung zweier Münder. Der erste Kuss ist noch ein Wunder, bald aber ist das Küssen eine Begrüßungsgeste wie ein Handschlag, eine

Anbahnung zum Kuscheln. Das Staunen ist verflogen.

Wir gewöhnen uns daran, dass uns mit Elektronik vollgestopfte Eisenkästen aus dem Weltall helfen, das Auto in die nächste Stadt zu steuern. Wir gewöhnen uns daran, Texte in den Computer zu tippen und sie durch Glasfasernetzwerke in weit entfernte Städte zu schicken, in der Erwartung, dass sie binnen Minuten dort ankommen. Wir gewöhnen uns an hauswandgroße bunte Plakate, die uns auf plumpe Art animieren, ein Produkt zu kaufen. Wir gewöhnen uns daran, in ein Stadtgebiet zu spazieren, in dem in Hunderten Käfigen Tiere zur Schau gestellt sind.

Und an Gott.

Katrin, eine Freundin von mir, ist Erzieherin in einem Kindergarten. (Ein lustiges Wort: Kindergarten. Als würden dort Kinder in Beeten gedeihen.) Katrin stellt jeden Tag mit den Kindern einen Stuhlkreis. Dann geht das Gedrängel los, jeder möchte neben seinem Freund sitzen. Vor Kurzem blieb ein Stuhl frei, die Kinder hatten einen zu viel in den Kreis geholt. Ein Junge schlug vor: „Da könnte doch Gott sitzen."

„Ja, wenn er das möchte, kann er sich da hinsetzen", sagte Katrin.

Noch einmal ging das Gerangel los, Kinder wollten auf andere Plätze. Als endlich Ruhe einkehrte, weinte der Junge, zeigte auf den leeren Stuhl und sagte: „Aber ich wollte doch neben Gott sitzen!"

*„Aber ich wollte doch neben Gott sitzen!"*

Kann Gott auf einem Stuhl sitzen? Kann er sich überhaupt so klein machen? Und will er neben diesem Jungen im Kindergarten sitzen?

Wir begreifen mit Erschrecken, dass wir von Gott wenig wissen, dass wir ihn nicht verstehen. Das ist ein gesunder Gedanke. Er macht uns bewusst, dass wir Gott völlig zu Unrecht bei den Alltagsgegenständen einsortiert haben.

Er ist der Herr der Welten. Durch seine verblüffenden Kräfte brauchen wir keine technischen Hilfsmittel, um mit ihm zu reden, kein Handy, keinen Computer – er hört uns sogar dann, wenn wir das Gespräch nur denken. In einem Science-Fiction-Film würde man sagen, dieses Wesen ist ein Telepath, es besitzt telepathische Fähigkeiten. Wenn es nur das wäre! Das Wesen kann Materie erschaffen. Es kann die Zeit anhalten. Es formt neue Lebewesen und gibt ihnen die Macht, Gefühle zu empfinden und Maschinen zu bauen, Kinder zu zeugen und über Ozeane zu reisen. Gott ist in der Lage, Tote wieder aufzuwecken. Er baut Städte, regiert über Hunderte Planeten, spricht gerechte Urteile – und verträgt es trotzdem, wenn man an ihm zweifelt.

Dieser Gott empfindet Liebe zu uns. Ein Kind, das ihm den Stuhl freihält, hat das Wichtigste begriffen.

## Probleme einweichen

Meine zwei Brüder und ich waren nicht besonders fleißig, was die Arbeit im Haushalt angeht. Unserer Mutter erschien es manchmal leichter, etwas gleich selbst zu erledigen, als uns hinterherzulaufen und an das Erfüllen einer auferlegten Pflicht zu erinnern. So kommt es, dass wir fast nichts getan haben zu Hause. Noch heute ist es so, wenn ich die Eltern besuche: Ich falle in die Rolle des Umsorgten zurück und beobachte, wie meine Mutter Essen zubereitet, abräumt und abwäscht, während ich faul herumsitze.

Als Kind habe ich einmal – um den Eltern eine

Freude zu machen – abgewaschen. Schon damals war ich ein Schubladendenker und ein ordnungsliebender Mensch; genauso sah meine Abwaschmethode aus. Ich tat einen Löffel ins Wasserbecken, reinigte ihn und legte ihn beiseite. Ich räumte einen Teller ins Becken, reinigte ihn und legte ihn beiseite. Immer so weiter, ein Ding nach dem anderen.

Mein Vater kam herein und erklärte mir: „Du musst das Becken vollräumen. Dann weichen die Sachen schon ein, während du abwäschst. Lass die Zeit für dich arbeiten." Diesen Rat habe ich mir eingeprägt.

Inzwischen mache ich es beim Schreiben genauso. Wenn ich nicht weiterkomme, arbeite ich an etwas anderem. Währenddessen weicht das Problem in meinem Kopf ein. Wichtig ist dafür nur, dass ich es zuvor ins Becken gelegt habe. Das mache ich, indem ich es mir genau ansehe: Weshalb komme ich nicht weiter? In welcher Szene, bei welcher Figur liegt das Problem? Habe ich das Problem verstanden, arbeite ich an einem anderen Text weiter. Oder noch besser, ich stehe vom Schreibtisch auf und gehe spazieren, hänge Wäsche auf, gehe einkaufen, ohne den verkrampften Wunsch, gleich die Lösung wissen zu müssen. Meistens taucht sie ganz unverhofft auf, während ich ein nasses Hemd aus der Waschmaschine klaube oder beim Bäcker anstehe.

Warum erwarten wir im Lebensalltag so oft innerhalb von Minuten die perfekte Lösung? Geben wir uns die Zeit, die es braucht, und fällen nicht vorschnell eine Entscheidung. Es gibt Dinge auf dieser Welt, die brauchen Geduld. So manches Problem kann man einweichen wie einen schmutzigen Teller, und ihm dann – etwas später – viel leichter zu Leibe rücken.

*Lass die Zeit für dich arbeiten!*

## Perfektionismus

Die größte Ketzerbewegung des Mittelalters, die der Katharer, ist zuerst 1143 in Köln bezeugt. Im Griechischen bedeutet katharos „rein"; die Mitglieder der Bewegung nannten sich „die Reinen". Schon in den 1160er-Jahren gab es sie in Südfrankreich und Italien, in Österreich, in Spanien, in England und in den skandinavischen Ländern.

Ein grausamer Kreuzzug wurde ins Leben gerufen, um sie zu vernichten. Man mordete 1209 bis 1229 in Südfrankreich ganze Stadtbevölkerungen dahin – nach dem Leitspruch: „Gott wird nach dem Tod schon auseinandersortieren, wer von denen Katharer war und wer nicht. Hauptsache, wir haben alle erwischt!" Dieses Vorgehen der damaligen Kirche finde ich furchtbar. Jeder soll glauben dürfen, was er möchte.

Als ich mich für meinen Roman *Das Mysterium* mit den Katharern beschäftigte, war ich allerdings von den „Reinen" ebenso schockiert.

Die Elite der Untergrundkirche nannte sich Perfecti und lebte mit dem Anspruch, fehlerfrei zu sein. Das nahmen die Perfecti nicht auf die leichte Schulter. Wenn sie beispielsweise einen Hasen in einer Falle am Feldrand fanden, mussten sie den Hasen aus der Falle befreien. Gleichzeitig durften sie aber nicht den Jäger bestehlen, der sicher froh war, endlich etwas gefangen zu haben. Also legten sie für den Jäger eine Münze in die Falle.

Sie beteten fünfzehn Mal täglich, fasteten drei Tage in der Woche und aßen nichts, das durch Zeugung entstanden war, also kein Fleisch, keine Butter, keine Milch, keinen Käse, keine Eier. (Wenn es mit den Romanen mal nicht mehr gut läuft, schreibe ich einen Artikel für die *Brigitte:* „Die Katharerdiät." Der kommt bestimmt gut an.)

Frauen waren für die männlichen Perfecti tabu, Männer für die weiblichen. Überhaupt galt den Katharern das Körperliche auf dieser Erde als sündig und böse. Dazu zählten Bäume, Singvögel, Pferde, Hunde, Menschen, Seen, Schneeflocken, einfach alles, was man berühren konnte. Die Katharer waren in gewisser Weise die Death-Metal-Freaks des Mittelalters, sie empfanden Abscheu für jeden und jedes. Diese Welt war verderbt, und das einzige Ziel unseres Lebens war ihrer Ansicht nach, der Welt zu entkommen.

Nach Überzeugung der Katharer war in jedem von uns ein Seelenhauch gefangen, und diese Seelen waren das einzige Gute auf dieser Welt. Man konnte sie befreien, indem man fehlerfrei lebte. Übrigens glaubten sie auch, dass die Seele einer Frau sich auf dem Weg zum Himmel in eine männliche Seele verwandelte. Der letzte Perfektionsschritt, gewissermaßen. Nun ja.

Perfecti nahmen mit einer besonderen Weihe neue Mitglieder in die Untergrundkirche auf. Sobald dem Perfectus allerdings im alltäglichen Lebenswandel ein Fehler unterlief, waren alle Mitglieder, die er in den vergangenen Jahren geweiht hatte, ihren Platz im Himmel los, und er selbst war auch verloren.

Stellen Sie sich diesen Druck einmal vor! Probieren wir es selbst aus. Wir machen bis Ende der Woche keine Fehler mehr. Einverstanden? Oder sagen wir, bis Ende des Monats. Oder bis Ende des Jahres, so machen wir's, eine perfekte Lebensführung bis zum Jahresende, das schaffen wir doch, oder?

Dieses Joch trugen die Perfecti auf ihren Schultern: den Anspruch, makellos zu leben. Wer nicht mehr genug Zeit hatte, um durch jahrelange Perfektion einen Platz im Himmel zu erringen, weil er beispielsweise schwer krank war und wohl nur noch ein halbes Jahr Lebenszeit in Aussicht hatte, dem empfahlen sie die *Endura*. Das bedeutete, sich zu Tode zu hungern. Viele Nachfolger der Katharer haben das getan, um in einem letzten Willensakt zu zeigen, wie sehr sie alles Körperliche ablehnten, sich selbst und diese Welt. Ich finde das gruselig.

Den Tod von Jesus Christus am Kreuz haben die Katharer übrigens nicht geglaubt. Sie fanden das absurd, Gottes Sohn am Kreuz! Wenn man sich den Himmel selbst verdienen will, passt es einem natürlich nicht in den Kram, dass Gott für uns den Weg frei gemacht hat. Einen gnädigen Gott kannten die Katharer nicht, den Gott, der uns in Jesus Christus 100 Prozent des Weges entgegenkommt.

Warum erzähle ich das?

Weil wir diese perfektionistischen Tendenzen immer noch in uns tragen. Wir haben bis heute nicht verstanden, dass Gottes Gnade das zentrale Thema dieser Welt ist. Was sind die letzten Worte der Bibel? „Die Gnade des Herrn Jesus sei mit allen."

Perfektionismus führt zu Ungerechtigkeit und Härte. Kennen Sie das: Sie laufen die Straße hinunter, und plötzlich lachen ein paar Jugendliche auf der anderen Straßenseite? Sofort fragen Sie sich, ob Sie noch Rasierschaum im Gesicht haben oder ob es seltsam aussieht, wie Sie gehen. Sobald Sie Ihren Gang beobachten, empfinden Sie ihn als ein peinliches Watscheln und Staksen. Sie versuchen, lässig zu gehen, aber das macht Ihre Knie nur noch steifer. Versuchen Sie bloß nicht, perfekt und cool eine Treppe hinunterzugehen! Sie brechen sich das Genick!

*Mit Güte und Liebe kommen wir Gott näher, als wir es mit Perfektionismus je könnten.*

Alle Wärme geht uns verloren, wenn wir von uns und anderen verlangen, fehlerfrei zu sein. Es gibt nur einen, der fehlerfrei ist, und das ist Gott.

Wir tun besser daran, Güte und Liebe einzuatmen und in unser Herz einzuladen – damit kommen wir Gott näher, als wir es mit Perfektionismus je könnten.

## Die Schönheit der Schneeflocken

Wir flitzten mit unseren Schlittschuhen über das Eis, da fing es an zu schneien. Lena breitete die Arme aus und sah in den Himmel. Ihre Augen leuchteten vor Glück. „Das sieht so schön aus!" Sie fing Schneeflocken mit den Händen. Die Flocken fielen wie weiße Federn aus dem Himmel.

Dreizehnjährige Eiskunstläuferinnen kamen aufs Eis. Sie kauerten sich nieder und drehten sich dabei um die eigene Achse. Sie fuhren Schleifen und tanzten, sie schwebten über das Eis.

Ein Kind streckte bei geöffnetem Mund die Zunge heraus, damit Schneeflocken darauf landeten. Es lachte, weil sie mit ihrer Kühle seine Zunge kitzelten.

Überall in der Stadt liegt jetzt tiefer Schnee. Auf den Fußwegen drücken die Menschen ihre Spuren hinein. Jeder Schuh hinterlässt einen anderen Abdruck, an unseren Spuren erkennt man, wie verschieden wir sind.

Ist das nicht ein Wunder? Gefrorenes Wasser fällt vom Himmel. Es weißt die Straßen ein, es weißt die Gehwege und die Bäume und setzt den Briefkästen Hauben auf. Sanft sinkt es nieder, in Form von weichen Flocken. Der Schnee dämpft die Geräusche, und die Stadt ist plötzlich still, als würde sie staunen und lauschen.

1885 gelang es dem Bauern Wilson Bentley als erstem Menschen, Schneekristalle unter dem Mikroskop zu fotografieren. Er wurde zum begeisterten Schneeforscher. Nachdem er Tausende Kristalle fotografiert hatte, stellte er fest, dass sich keine zwei Schneeflocken ähnelten.

Erst 1988, nach über hundert Jahren, in denen wir den Schnee untersuchen, gelang es einer amerikanischen Schneeforscherin namens Nancy Knight, zwei identische Schneeflocken zu finden und zu fotografieren.

Jeder Schneekristall ist eine kleine Schönheit. Suchen Sie einmal im Internet nach Wilson Bentleys Bildern. Sie machen mich ruhig, wenn ich sie anschaue, diese zarten Kunstwerke, die milliardenfach vom Himmel niedersinken.

Ob Gott diese Erde so schön geschaffen hat, weil wir ihm etwas bedeuten? Dann sagt jede kunstvolle Schneeflocke: Du bist Gott wertvoll. Jeder Sonnenaufgang, jedes Rotkehlchen, jede schmackhafte Frucht sagt dir, dass Gott dich liebt. Er hat es sich ausgedacht, alles, das Prasseln des Regens und Baumwurzeln und Moos und Julikäfer … und hat uns mitten hineingesetzt: Das ist für euch, bitte schön, ihr könnt kreativ sein, mitten darin könnt ihr leben und es pflegen und etwas aufbauen.

Gott hat uns mit Schönheit umgeben. Auch Kristalle, die sich bis 1885 niemand angesehen hat und die wir selbst heute kaum wahrnehmen, macht Gott jedes auf seine Weise schön.

## Vertrauen

Als ich zehn war, bestahl ich meine Eltern. Ich wusste, in welcher Küchenschublade das Portemonnaie war. In einem unbeobachteten Moment holte ich es heraus und nahm mir ein Zwei-Mark-Stück. Ein paar Tage später klaute ich einen Zehn-Mark-Schein. Dann einen Zwanzig-Mark-Schein. Ich tat es, um mir Ansehen zu kaufen, indem ich meine Brüder und unsere Freunde zum Eisessen einlud oder uns allen Lose an einer Losbude kaufte. „Ich hab das Geld im Park gefunden", log ich. Ich genoss es, der Einlader zu sein, der allen etwas Gutes tat und Fröhlichkeit verbreitete.

Das Gefühl war so gut, dass ich nicht damit aufhören konnte. Ich stahl meinen Eltern einen Fünfzig-Mark-Schein und versteckte ihn im Gebüsch im Park, wo wir häufig spielten. Ich lenkte unser Spiel in eben jenes Gesträuch, und entdeckte vor den Augen der anderen das Geld auf dem Boden. „Das hat bestimmt ein Besoffener hier verloren." Wir feierten.

Mindestens ein Vierteljahr lang beklaute ich meine Eltern. Dann flog ich auf. Mein Vater holte mich zu einem Gespräch in sein Zimmer. Schon bevor er ein Wort sagte, wusste ich, was die Stunde geschlagen hatte. Mir schoss das Blut in den Kopf, und ich konnte keinen klaren Gedanken mehr fassen. Es war mir unendlich peinlich, dass ich sie, die mich liebten, hintergangen hatte. Wie hatte ich das in den vergangenen Monaten vor mir selbst gerechtfertigt? Wie hatte ich ruhig schlafen können? Ich glaube, ich war das erste Mal über mich selbst entsetzt.

Damals gab es in der Erziehung meiner Eltern noch Schläge. Nie hatte ich Schläge mehr verdient gehabt. Aber mein Vater schlug mich nicht. Er redete ruhig mit mir, und gemeinsam rechneten wir aus, wie viel Geld ich insgesamt gestohlen hatte. Wir schrieben die Summe in ein kleines Notizbuch und vereinbarten, dass ich sie bis zum letzten Pfennig zurückzahlen würde.

*Ich fühlte mich, als würde jemand neben mir stehen und sagen: Wir vertrauen dir.*

Ich bekam damals ein dreifaches Geschenk von meinen Eltern:

Erstens bestraften sie mich nicht, sondern signalisierten mir im Gegenteil, dass sie mich trotz meines Fehltritts liebten.

Zweitens nahmen sie mein Handeln ernst – anstatt zu sagen: „Na ja, passt schon, vergessen wir's!" Sie zeigten mir, dass es falsch war, was ich getan hatte, ließen mir aber gleichzeitig meine Würde und halfen mir, das Unrecht wiedergutzumachen.

Drittens zeigten sie mir, dass sie mir immer noch voll und ganz vertrauten, obwohl ich sie hintergangen hatte. Das war für mich die größte

Überraschung. Ich war in ihren Augen kein Dieb. Sie dachten nicht: „Der klaut, bei dem müssen wir aufpassen." Im Gegenteil. Das Portemonnaie lag weiterhin in derselben Schublade und manchmal auch offen auf dem Schrank im Flur. Jedes Mal wenn ich es sah, fühlte ich mich, als würde jemand neben mir stehen und sagen: „Wir vertrauen dir, Titus. Du bist kein Dieb."

Ich habe zweihundert Mark abbezahlt, mehr als ein Jahr lang, und habe nie wieder gestohlen. Warum auch? Ich bin kein Dieb.

## Bin ich Außenseiter?

In meinen Teenagerjahren war die Jugendgruppe meiner Kirchengemeinde für mich der wichtigste Freundeskreis. Ich hatte sie selbst mit gegründet. Wir trafen uns und spielten, sahen Filme, dachten uns Theaterstücke aus und gewannen damit kleinere Wettbewerbe. Wir machten Blödsinn (einige der verrückten Dinge, die wir zusammen unternommen haben, können Sie in meinem *Kleinen Buch für Lebenskünstler* nachlesen).

Eines Nachmittags gestaltete Bibiane, eine Frau aus unserer Kirche, einen Nachmittag mit uns. Wir hatten sie eingeladen, weil sie in unseren Augen cool und unkonventionell war und „etwas auf dem Kasten hatte".

Sie befestigte ein zwei Meter langes Tapetenstück an der Wand und zeichnete einen Kreis darauf. Dann gab sie uns farbige, selbstklebende Punkte und bat uns, jeder solle sich im Zentrum, am Rand oder neben diesem Kreis positionieren, je nachdem wo seiner Meinung nach momentan sein Platz in der Gruppe sei.

*Warten Sie nicht, bis man Sie einlädt.*

Das Ergebnis schockierte mich. Nach fünf Minuten klebte ein großer Teil der Punkte weit außerhalb des Kreises. So viele fühlten sich als Außenseiter! Freunde, die für mich absolut zum Kern dazugehörten.

An diesen Nachmittag muss ich immer denken, wenn ich mich in einer Gruppe nicht akzeptiert fühle. So oft lausche ich darauf, was die anderen von mir halten, begierig, geliebt zu werden, und habe den Verdacht, sie seien sich insgeheim näher. Mich dulden sie nur, denke ich, und täuschen vor, mich genauso gern dabeizuhaben – aber in Wahrheit gehöre ich nicht dazu.

Ist Ihnen bewusst, dass viele so denken, auch Menschen, die Sie als beliebt einstufen würden? Oft tun wir so, als würden wir mit dem Strom schwimmen, fühlen uns aber als Außenseiter. Dabei hat das Gefühl nichts mit der Realität zu tun.

Wenn mir jemand enttäuscht erzählt, die anderen in seinem Freundeskreis würden mehr zusammen machen und sich häufiger untereinander verabreden als mit ihm, frage ich zurück: Hast du sie schon zu dir nach Hause eingeladen? Hast du ihnen gesagt, dass du gern mal mit ihnen Shoppen gehen oder sie ins Kino mitnehmen willst? Beinahe jedes Mal ernte ich ein verblüfftes Nein.

Wir haben selbst das Steuer in der Hand, was unsere Freundschaften angeht. Machen Sie unbedingt den Versuch, von der Opferrolle in die aktive Rolle überzuwechseln. Sie müssen nicht warten, bis man Sie einlädt. Laden Sie jemanden ein, den Sie sympathisch finden. Kurbeln Sie einen gemeinsamen Kinobesuch an, fragen Sie herum, wer noch alles mitkommen möchte. Beginnen Sie eine Reihe von Leseabenden bei sich zu Hause (jeder bringt eine Geschichte oder ein Buch mit und liest daraus vor). Kochen Sie für einen Freund. Verabreden Sie sich zum Kaffeetrinken. Sie werden merken, die Unsicherheit verfliegt.

# Es ist nie zu spät

In den USA sorgt gerade ein Buch für Furore: *Überflieger – Warum manche Menschen erfolgreich sind und andere nicht* von Malcolm Gladwell. Alle reden davon, weil es mit Vorurteilen aufräumt, an die wir jahrzehntelang geglaubt haben. Ein Zitat aus dem Buch: „Je genauer sich Psychologen die Biografien der Begabten ansehen, umso unwichtiger wird das Talent und umso wichtiger die Ausbildung."

Wassily Kandinsky war Nationalökonom und arbeitete als Dozent. Mit 30 Jahren warf er alles hin, besorgte sich eine Farbpalette, Pinsel und einen Block und besuchte Anfängerkurse für Malerei. Er wurde einer der wichtigsten Maler des 20. Jahrhunderts.

Die amerikanische Leistungsforscherin Carol Dweck fand heraus, dass sich erfolgreiche Menschen nicht darauf festlegen, was sie können und was nicht. Sie wissen zwar, wo momentan ihre Schwächen liegen, aber sie denken darüber: Wenn ich will, kann ich auch das lernen. Coach Dr. Petra Bock nennt das ein „dynamisches Selbstbild".

Ich hatte von Kindheit an ein gestörtes Verhältnis zu meinem Körper. Besonders schlimm ist mir eine Sportstunde in der sechsten Klasse in Erinnerung geblieben. Unser Lehrer führte eine Neuerung ein. Zu Beginn jeder Stunde sollten zwei Schüler Gymnastikübungen zu Musik vorführen, die alle anderen mitzumachen hatten. Wegen meines Rundrückens und der seitlich verkrümmten Wirbelsäule fühlte ich mich als Krüppel. Aber es war unausweichlich, die Reihe kam an meinen Freund Thomas und mich.

Ich überredete ihn, die Übungen allein vorzumachen, während ich im Gegenzug die Musik auswählte. Dem Sportlehrer leuchtete unser Geschäft nicht ein. Er sah nur, dass ich mich nach dem Auflegen der Schallplatte weiter bei der Musikanlage herumdrückte. Ich wurde angebrüllt, gefälligst mitzumachen. Mir brach der Schweiß aus. Mit hochrotem Kopf verrenkte ich mich vor den anderen zu peinlichen Gymnastikübungen, während mir das Turnzeug am Leib klebte.

Alles Körperliche war mir damals verhasst. Ich schämte mich im Schwimmbad, weil man meine Rippen zählen konnte und ich dünne Arme hatte. Wenn irgendwo getanzt wurde, machte ich mich aus dem Staub. Selbst Umarmungen erschreckten mich.

So hätte es weitergehen können, mein Leben lang. Aber ich war dabei nicht glücklich. Als Student nahm ich mir vor, diese verschlossenen Lebensbereiche zurückzuerobern. Ich gründete mit Freunden eine Theatergruppe und übte, auf der Bühne nicht nur zu reden – das konnte ich schon immer –, sondern auch zu spielen und meinen Körper einzusetzen. Außerdem beschloss ich, Tanzen zu lernen. Ich wurde ausgelacht. „Du und Tanzen? Nicht in hundert Jahren!"

*Du kannst nicht Schlittschuhlaufen lernen, ohne dich lächerlich zu machen.*

Vor der ersten Tanzstunde, auf dem Weg in den Tanzsaal, stolperte ich und fiel meinem Vordermann in den Rücken. „Das fängt ja gut an", stieß ich zwischen den Zähnen hervor. Ich hatte gehörig die Hosen voll. Die Tanzlehrerin begann, den langsamen Walzer zu erklären, und forderte uns zu einer einfachen Schrittfolge auf. Mir brach der Schweiß aus, wie in der Sportstunde damals. Ich hatte das Gefühl, dass mich alle beobachteten, dass ich auffiel, weil ich besonders ungelenk war und eine Lachnummer abgab beim Versuch, ihre Schritte nachzuahmen.

Trotzdem blieb ich dabei. Ich beendete den

Anfängerkurs, den Fortgeschrittenenkurs, machte Bronze, Silber, Gold, Gold Star. Heute ist Tanzen für mich ein Vergnügen. Ich habe mit meinem Körper Frieden geschlossen.

Sie können Ihre Grenzen erweitern. Wagen Sie etwas! Es wird nicht von Anfang an gelingen, und es wird Leute geben, die nicht an Sie glauben oder Sie gar auslachen. George Bernard Shaw sagte einmal: „Du kannst nicht Schlittschuhlaufen lernen, ohne dich lächerlich zu machen."

Aber was ist die Alternative? Für immer zu sagen: „Das kann ich nicht", und heimlich davon zu träumen, es doch zu können? (Ich hatte als Jugendlicher viele Tagträume davon, ein guter Tänzer zu sein.)

Ihre Träume können wahr werden! Beginnen Sie die Reise.

## Mitten im Sturm

Die „Arny Maud" ist ein altes Robbenfängerschiff. Sie sieht so aus, wie Sie sich Schiffe vorstellen, wenn Sie Filme wie *Die Meuterer der Bounty* oder *Fluch der Karibik* mögen.

Wir waren sechsundzwanzig Leute an Bord, und jeder hatte bestimmte Aufgaben. Ich war für den Flieger zuständig, das kleine Segel, das vorn am Bugspriet befestigt ist. Die Ostsee stürmte, Wellen schlugen über das Deck. Mitten am Tag war es so finster, dass die anderen mir mit einer Taschenlampe leuchten mussten, während ich nach vorn auf den Bugspriet kletterte, um den Flieger einzuholen, damit der Sturm uns das Segel nicht zerfetzte.

Gischt sprühte uns in die Gesichter. Der Wind riss an unseren Kleidern und drückte das Schiff seitlich gegen die Wogen. Ich trug eine Rettungsweste mit einem Karabinerhaken daran und befestigte mich mit dem Haken an einem der Seile. Wie ich es an den Schönwettertagen gelernt hatte, stellte ich mich auf die Spitze des Bugspriets und fing an, das Segel einzuholen.

Bei gewöhnlichem Wetter ragte der Bugspriet mehrere Meter über dem Wasser in die Höhe. Im Sturm aber war der Seegang so stark, dass das Schiff mit seiner Spitze regelmäßig ins Meer getaucht wurde, und mit dem Bugspriet wurde auch ich bis zu den Knien untergetaucht. Während ich also arbeitete, tauchte ich ins Meer, wurde wieder in die Höhe gehoben, dann wieder eingetaucht.

Sie müssen wissen, dass ich ein Mensch bin, der schnell friert. Und ich hasse es zu frieren. An Bord der „Arny Maud" war an trockene Klamotten nicht zu denken. Wenn ich es nicht mehr aushielt und unter Deck ging, um mich umzuziehen, war ich, kaum dass ich wieder an Deck gestiegen war, erneut nass bis auf die Haut.

Kapitän Laurenz sagte, einen solchen Sturm habe er auf der Ostsee noch nie erlebt. Mir war fortwährend kalt und speiübel. Die Übelkeit hing damit zusammen, dass ich keinen Horizont sehen konnte und dabei in einer Tour hochgehoben und wieder niedergestürzt wurde, während die Wellen das Schiff gleichzeitig nach rechts oder links stießen. Auf dem Jahrmarkt bezahlt man dafür, einige Minuten herumgewirbelt zu werden, aber wir wurden mehrere Tage hin und her geschleudert – und irgendwann reicht es einem.

*Probieren Sie einmal, Ihren Alltag als Abenteuer zu sehen.*

Dazu waren uns die Nahrungsmittel ausgegangen, oder sagen wir, die Auswahl wurde immer schmaler. Wir hatten noch Brot, und wir hatten Esrom-Käse. Kennen Sie Esrom? Wenn man ihn im Kühlschrank hat, stinkt der ganze Kühlschrank danach. Ich kann bis heute keinen Esrom mehr riechen, geschweige denn essen, wegen dieser Wochen auf der „Arny Maud". Habe ich erwähnt, dass ich mir damals vornahm, nie wieder eine solche Schiffsreise zu unternehmen?

Ich stand also auf dem Bugspriet, wurde ins Meer getaucht, meine Freunde leuchteten mir mit Taschenlampen, und ich war nass bis auf die Haut. Mir war schlecht. Ich war übermüdet. Was auch immer ich mir unter der Schiffsreise entlang der dänischen und schwedischen Küste vorgestellt hatte, *das* war es nicht gewesen.

Trotzdem, in jenem Moment entschied ich mich, nicht wütend zu sein. Ich fasste den Entschluss, nicht länger wie ein armes Schwein zu leiden. Es gab einen anderen Blickwinkel, unter dem ich die missglückte Reise betrachten konnte, und dieser Blickwinkel würde mir Kraft geben, vielleicht sogar Vergnügen, ungeachtet der widrigen Umstände. Ich beschloss, das Ganze als ein Abenteuer zu sehen.

Und das wurde es! Ich kämpfte das Segel nieder, ließ mir von den Freunden – nachdem ich zurück an Deck geklettert war – auf die Schultern klopfen, und hielt verbissen lächelnd mein Gesicht in die Regenböen.

Der Kapitän rief mich ans Steuer. Ich sagte ihm: „Laurenz, ich bin kurz davor, mich zu übergeben."

Wenn ich hinter dem Steuer stand, konnte ich nicht an die Reling stürzen, um meinen rebellierenden Esrom-Mageninhalt loszuwerden. Jeder von uns hatte in diesen Tagen schon erbrochen, bis auf mich und drei erfahrene Segler (der Kapitän, die Bootsfrau und ein junger Mann von der Küste). Mein Magen sagte mir, dass ich überfällig war.

Laurenz grinste: „Du schaffst das."

Ein Abenteuer, sagte ich mir eisern, es ist ein Abenteuer! Die ersten Minuten hinter dem Steuer quälte mich die Übelkeit schlimmer als zuvor, dann verschwand sie. Nach meiner Ablösung musste ich für die anderen den Küchendienst übernehmen, weil einem dort unten noch schlimmer übel wurde. Sie glaubten offenbar, ich könne aus irgendeinem Grund nicht seekrank werden. Als echter Abenteurer ließ ich sie in dem Glauben und beruhigte meinen gebeutelten Körper.

Ich fand heraus, dass es sich bei Sturm hervorragend schlafen ließ. Die Brecher krachten gegen die Bordwand, die Laterne schaukelte an der Decke, dass ihr Bügel quietschte, aber ich wurde auch gewiegt wie in einem Kinderbett. Hundemüde, wie ich war, schlief ich nach wenigen Augenblicken ein.

Als ich zum Wachwechsel geweckt wurde, war

meine Kleidung immer noch klamm. Wir mussten Wasser aus dem Schiffsinneren herauspumpen. Danach wagte ich es, mitten im Sturm in die Rahen zu klettern, obwohl der Mast sich nach rechts und links neigte wie der Zeiger eines Metronoms.

Als ich vor der schwedischen Küste nach Felsen im Wasser Ausschau halten sollte, sah ich sie zu spät und wir liefen auf Grund. Ein anderes Schiff, das wir zu Hilfe riefen, versuchte, uns mit einem Tau wieder loszuziehen. Bevor sich die „Arny Maud" vom Felsen löste, zerbrach unser dicker Balken im Heck, an dem das Tau befestigt war. Wir machten einen neuen Versuch, indem wir das Tau um den mittleren Mast schlangen. Er knackte gefährlich, aber diesmal kamen wir frei und konnten die Fahrt fortsetzen.

*Wir können lernen, auf den Wellen zu surfen.*

Eine halbe Stunde später fuhr die Küstenwache heran und fragte per Megafon, ob alles in Ordnung sei mit uns. Da waren wir schon wieder fröhlich bei der Weiterfahrt.

Ich hatte Spaß. Die Reise war aufregend. Sie war eine Herausforderung, die mich mit stolzem Abenteurerlächeln stärker werden ließ.

Es mag ein seltsamer Gedanke für Sie sein, aber

trotzdem: Probieren Sie einmal, nicht nur den Urlaub, sondern auch Ihren Alltag und Ihre Probleme als Abenteuer zu sehen. Der Stressforscher Jon Kabat-Zinn schreibt: „Du kannst nicht die Wellen aufhalten, aber du kannst lernen, auf ihnen zu surfen."

Unsere Perspektive ist entscheidend. Quält uns eine Krise, dann sind wir hilflose Opfer, zu kaum mehr fähig als zu Tränen. Wenn wir dagegen in einem herausfordernden Abenteuer stecken, dann weckt das Kräfte in uns, die uns aus dem Sturm herausbringen.

## Die Reise einer Postkarte

Ich habe eine Postkarte bekommen, auf der mir zum Geburtstag gratuliert wurde. *Lieber Titus, für dein neues Lebensjahr wünsche ich dir Zuversicht, Geduld, Entschlossenheit, Mut und Freude ...* und so weiter. Ich war verwirrt.

Mein erster Gedanke war, ich könnte meinen eigenen Geburtstag vergessen haben. Dann fiel mir ein, dass ich im Oktober Geburtstag habe. Lustigerweise schrieb die Absenderin: *Da ich fast sicher bin, dass diese Karte dich nicht mehr zum Geburtstag erreicht, wünsche ich dir …*

Die Karte wurde am 2. Oktober abgeschickt. Also war sie fast sieben Monate unterwegs. Sie kam aus Georgien, womöglich war die Verzögerung dem Südossetien-Konflikt geschuldet.

Ich liebe Häfen und Züge und die schnurgeraden Straßen Amerikas. Auf eine ähnliche Weise fasziniert mich der lange Reiseweg, den die Postkarte zu mir genommen hat.

*Auch in der Nähe kann man Entdeckungen machen.*

Wo hat sie die Wochen und Monate verbracht, wo auf ein Auto gewartet oder auf ein Postflugzeug und das Ende des Krieges? Wie hat sie die Ländergrenzen überquert?

Reisen empfinde ich als spannend. Oft erscheinen mir ferne Orte interessanter als der Ort, an dem ich gerade bin. Aus Häfen laufen die Schiffe aus und überqueren Ozeane. Züge fahren nach Amsterdam und Paris und Zürich. Das gefällt mir. Ich bin ein neugieriger Mensch, und auf Reisen kann man viel Neues sehen.

Jedes Jahr gebe ich etwa 3.500 Euro für Bahnfahrten aus. (Nicht erschrecken! Das meiste sind Fahrten zu Lesungen, und da bekomme ich zusätzlich zu meinem Honorar auch die Reisekosten erstattet.) Trotzdem fahre ich noch 20.000 Kilometer im Jahr mit dem Auto. Eine befreundete alte Dame sagt immer: „Na, Titus, schonst du mal wieder dein Bett?"

Dabei haben nicht nur Fernreisen ihren Reiz, auch in der Nähe kann man Entdeckungen machen. Ich bin heute eine Strecke zu Fuß gegangen, die ich sonst immer mit dem Auto fahre. Dabei habe ich einen kleinen jüdischen Friedhof entdeckt. Ich hatte ihn nie zuvor bemerkt, offenbar bin ich an der moosbewachsenen Mauer bisher einfach vorbeigerauscht. Als Fußgänger hatte ich Zeit, über die Mauer hinwegzuspähen. Ein Märchen! Die krummen Reihen von Grabsteinen und die alten Bäume lassen den Friedhof aussehen wie einen zauberhaft friedlichen Ort.

## Entdecken Sie Ihr Australien

Wenn ich mich entspannen will, ziehe ich mir eine alte ausgewaschene Jeans an. Ich muss mir keine Sorgen machen, ob ich die Knie durchscheuere, und ich muss niemanden beeindrucken und nicht darüber nachdenken, was die Leute von mir halten. Ich bin einfach nur ich. Dieses Signal tut mir gut. Ich bringe mich in eine erholsame Stimmung.

Habe ich einen Auftritt, ziehe ich mir teure Unterwäsche an. Auch wenn das Publikum sie gar nicht zu sehen bekommt – ich fühle mich „schick" mit dieser Unterwäsche. Sie gibt mir Sicherheit und das Gefühl, „jemand zu sein".

Kleidung macht etwas mit uns. Selbst der strengste Finanzbeamte kann durch seine Kleidung eine Verhaltensänderung anstoßen: Zieht er sich ein Fan-T-Shirt an und einen bunten Schal und setzt sich eine auffällige Mütze auf, und geht er dann damit ins Fußballstadion, muss er nicht länger sachlich und kühl sein. Er darf emotional seine Mannschaft anfeuern, darf brüllen, aufspringen, lauthals lachen. Die Fußballsachen machen ihn jünger. Sie helfen ihm, indem sie ihm Zugang zu seinem jugendlichen Ich geben.

Wenn uns das schon mit so etwas Banalem wie mit Kleidung gelingt, Tag für Tag, wäre es möglich, dass wir unser ganzes Leben beeinflussen können, nicht nur tageweise, sondern auch jahreweise? Ich glaube daran.

Vernachlässigte Träume machen uns unglücklich. Sie erzeugen eine innere Anspannung, die wir oft gar nicht verstehen. Erst wenn wir uns Zeit nehmen, genauer hinzusehen, erkennen wir, dass wir unseren Lebensweg verlassen haben. Wir werden neidisch auf Menschen, die das haben, was wir eigentlich haben wollten: eine glückliche Familie, eine Weltreise, einen künstlerischen Beruf.

Sticht es in Ihrem Herzen, wenn Sie an Ihre Lebenssituation denken? Das ist ein klares Zeichen, dass Sie einen Zwischencheck brauchen. Machen Sie sich einen Tag komplett frei. Gehen Sie spazieren, geben Sie Ihren Gedanken Raum.

Während Sie über Ihr Leben nachdenken, versuchen Sie einmal, sich nicht auf die Details zu konzentrieren, sondern auf die breite Leinwand. Wie waren die letzten Jahre? Wie werden die nächsten sein?

Stellen Sie sich vor, Sie würden heute Abend einschlafen – und über Nacht geschieht ein Wunder. Sie wachen morgen früh auf und befinden sich in einem märchenhaft schönen Leben. Wie würde Ihr Leben aussehen, wenn alles ideal wäre, wenn es ein Traumleben wäre?

Bis man im 16. Jahrhundert Australien entdeckte, dachte man, alle Schwäne seien weiß. Dann fand man heraus, dass es auch schwarze Schwäne gibt. Manchmal ist es nützlich, sich den Kopf offenzuhalten für das scheinbar Undenkbare.

Machen Sie einen Neuanfang und nutzen Sie den Schwung, den er Ihnen gibt! Ich bin mit 19 in die erste eigene Wohnung gezogen. In der Küche hing eine nackte Glühbirne von der Decke. Ich dachte: Darum kümmere ich mich später, Hauptsache, ich habe erst mal Licht.

*Halten Sie sich den Kopf frei für das scheinbar Undenkbare.*

Bis ich aus der Wohnung wieder auszog, vergingen sieben Jahre. Diese sieben Jahre habe ich mit der nackten Glühbirne in der Küche gelebt.

Danach zog ich in eine Wohnung, wo sich im Flur noch Schrauben von meinem Vormieter in der Wand befanden. Ich sagte mir: Darum kümmere ich mich später, die anderen Zimmer sind erst einmal wichtiger. Übergangsweise hängte ich meine Jacken an die Schrauben, hatte ja noch keine Garderobe. Sie ahnen es schon: Bis zu meinem Auszug wohnte ich viereinhalb Jahre mit zwei Schrauben in der Wand als Garderobe.

Ich habe daraus gelernt! Beim nächsten Umzug habe ich den Schwung des Neuanfangs genutzt und mir gleich ein Schuhregal gekauft, als der Platz für die Schuhe im Flur nicht ausreichte. Ich habe keine „Übergangslösungen" hingenommen. Provisorien setzen sich schneller fest, als uns lieb ist.

Sie haben Ihr Leben in der Hand. Vernachlässigen Sie Ihre Träume nicht, entdecken Sie Ihr Australien. Und dann bauen Sie sich ein großes Schiff und segeln Sie hin!

## Knarrende Kiefern

Ich liebe den Wind. Er ist unsichtbar, aber im Herbst fährt er unter die trockenen Blätter, hebt sie an und führt mit ihnen Tänze auf. Ich muss schon einen Schal tragen, weil er mir in die Jacke stoßen will. Das Gesicht darf er kühlen, und er darf sich in meinen Haaren austoben. Er macht, dass ich mich lebendig fühle.

Ich liebe den Wind. Er ist unsichtbar, aber im Winter treibt er die Schneeflocken vor sich her. Er ruht einen Moment aus und lässt sie still niedersinken, dann bläst er mit neuer Kraft hinein und treibt sie in einem Wirbel um die Hausecke.

Ich liebe den Wind. Im Frühjahr grüßt er mich,

den Spaziergänger, aus den Baumwipfeln. Die hellen Blätter der Birken blinken. Durch die Pappeln zieht ein Rauschen und eine Kiefer knarrt.

Ich liebe den Wind. Die Wellen brausen im Sommer an Land, weil er auf hoher See mit ihnen gerungen hat. Er streichelt das Dünengras und wedelt mir Kühle zu, wenn die Sonne allzu heiß vom Himmel brennt.

*Wie kann etwas, das unsichtbar ist, die Wolken über den Himmel treiben?*

Wie kann etwas, das unsichtbar ist, die Wolken über den Himmel treiben? Wie kann diese unsichtbare Kraft, wenn sie zornig wird, Schiffe in die Bäume heben und ganze Häuser umstoßen?

Der Wind berührt zärtlich mein Gesicht. Ich habe ihn nicht im Griff, ich kann ihn selbst unter Einsatz aller meiner Kräfte nicht steuern oder bändigen. Wir sind Wächter unseres Planeten – zugleich aber sind wir Brüder und Schwestern dieser Schöpfung. Der freie, ungebundene Wind erinnert mich daran. Unsere Geburtsstunde liegt nahe bei der Geburtsstunde der Tiere und Pflanzen, der Gebirge und Flüsse und Seen und des Windes.

# Flimmerbilder

Manchmal spielen wir: Jemand singt die Titelmelodie einer alten Fernsehserie, und die anderen raten. Wer die Serie weiß, darf die nächste Titelmelodie singen. Ich kann die Melodien von *Airwulf, A-Team, McGyver* und *Ein Colt für alle Fälle,* ich kann *StarTrek* und *Bonanza* singen. Meine Güte, habe ich als Kind viel ferngesehen! Ich weiß, wer *Adderly* ist, wie die *Agentin mit Herz* aussieht und kann die Stimme von *Pumuckl* nachahmen.

Meine Brüder und ich waren regelrecht fernsehsüchtig. Die Eltern versuchten dagegenzusteuern. Ein paar Monate lang wurde unsere Fernsehzeit auf dreieinhalb Stunden pro Woche beschränkt, und wir mussten den Verbrauch ordentlich aufschreiben. Dann haben wir mit Betteln Ausnahmen erreicht, weil wir unser Zeitbudget schon „weggeguckt" hatten und ein grandioser Film im Fernsehen lief. Mit jeder Ausnahme wurde das System löcheriger, bis es ganz unterging.

Kam mein Vater nach Hause und fand uns vor dem Fernseher, fragte er jedes Mal: „Habt ihr die Hausaufgaben gemacht?" Das war eigentlich Gesetz, wir durften die Flimmerkiste erst einschalten, wenn wir die Hausaufgaben erledigt hatten.

Um unsere Eltern zu täuschen, legten wir einmal einen nassen Waschlappen auf den Fernseher, damit er sich abkühlt (wir wussten, dass sie nur die Hand auf den Apparat zu legen brauchte, und schon wussten sie, dass wir ferngesehen hatten). Damals gab es großen Ärger. Zu Recht, wir hätten ja einen Stromschlag kriegen können.

Unsere Rettung war der Amerikaaufenthalt 1992/93. Dort hatten wir dreizehn Monate lang keinen Fernseher, und es war das beste Jahr, das wir als Familie je erlebt haben. Plötzlich hatten wir abends Zeit füreinander, haben geredet, gespielt, die Nachbarn besucht. Zuvor war ich davon ausgegangen, dass jeder Mensch nach 18:00 Uhr zu nichts mehr zu gebrauchen ist und dass die Müdigkeit keine andere Tätigkeit zulässt, als fernzusehen. In Amerika war ich wie verwandelt. Die Gewohnheit, sich vor den Fernseher zu setzen, verschwand, und ich bekam vier Stunden pro Tag dazu, schöne Stunden, aktive Stunden! Das war für mich eine Entdeckung.

Seitdem lebe ich ohne Fernseher, und ich vermisse ihn kein bisschen. Ich hatte geglaubt, ohne Fernseher seien die Abende langweilig, aber sie sind es nicht. Seltsam, wie man sich täuschen kann.

David Foster Wallace hat etwas Kluges gesagt. Man muss es zweimal lesen, um es zu verstehen: „Das Fernsehen ist nicht deshalb vulgär, anstößig und stumpfsinnig, weil die Menschen, die dessen Publikum darstellen, vulgär oder stumpfsinnig wären. Das Fernsehen ist deshalb so, weil die Menschen sich im Allgemeinen in ihren vulgären, anstößigen und stumpfsinnigen Interessen sehr ähnlich sind, während sie sich in ihren kultivierten, ästhetischen und noblen Interessen sehr unterscheiden."

Das leuchtet ein, oder? Ich kenne keinen Menschen, der kein Interesse am anderen Geschlecht hat, an Zärtlichkeit, Sex und Wärme. Das ist ein Bedürfnis, das uns alle verbindet. Ich kenne auch niemanden, der nicht bei einem Schusswechsel Angst bekommt, und Angst gibt uns das Gefühl, aktiv zu sein, etwas Aufregendes zu erleben. Deshalb funktionieren „Sex & Crime" im Fernsehen gut – die Sender wollen ja möglichst viele Menschen auf einmal erreichen, um hohe Einschaltquoten zu haben und Geld mit der Werbung einzunehmen.

Das bedeutet nicht, dass dieselben Zuschauer nicht auch anspruchsvolle Bedürfnisse und Interessen haben. Der eine liest gern Biografien, der andere hört gern Jazz, der Dritte züchtet Alpakas, der

Vierte erfindet Brettspiele. Eine Sendung über Bücher oder eine über Alpakas oder Brettspiele hätte auch Zuschauer, aber eben zu wenige, weil wir uns in unseren „noblen Interessen", wie David Foster Wallace es nennt, sehr unterscheiden.

Das Problem ist: Wenn wir uns Abend für Abend nur dem widmen, was wir mit allen anderen teilen, stumpfen wir ab. Unsere ganz speziellen Begabungen und Interessen werden verschüttet.

Ich habe außerdem den Eindruck, dass sich unser Blick auf die Welt verformt. Die Gewaltmeldungen aus dem Fernsehen prägen uns, nach Hunderten Krimis, Thrillern und Verschwörungsfilmen kommt uns das Leben düsterer vor, als es eigentlich ist. Dank des C. S.-Lewis-Literaturpreises durfte ich fünf Wochen auf der Isle of Wight verbringen und lernte unter anderem das britische Fernsehprogramm kennen. Dauernd liefen Berichte über wahre Mordfälle oder ein Kamerateam begleitete Polizisten bei Verfolgungsjagden. Wenn ich nach draußen auf die Straße ging, fühlte ich mich verunsichert und rechnete hinter jeder Ecke mit einem Mörder.

Wir leben in einem der sichersten Länder dieser Welt und schwelgen im Luxus. Warum haben wir trotzdem das Gefühl, zu darben und in ständiger

Gefahr zu sein? Dr. Petra Bock, eine renommierte Coach-Frau aus Berlin, schreibt dazu: „Wir wissen alle, wie viele Arbeitslose es ungefähr gibt, aber wie viele von uns wissen, welche große Zahl an Menschen Arbeit hat? Ich denke, wir müssen den Blick für das Gute und das Gelingende in unserer Zeit und Gesellschaft wiederfinden."

Ich habe den Eindruck, dass das Fernsehen dabei nicht besonders hilfreich ist. „Bad news are good news", habe ich im Publizistikstudium gelernt, „schlechte Nachrichten sind gute Nachrichten". Die Gefahren- und Krisenmeldungen haben einen hohen Unterhaltungswert. Schauen Sie mal Nachrichten und zählen Sie die Beiträge, die etwas Positives berichten. Ihr geringer Anteil am Programm liegt nicht daran, dass nichts Gutes geschehen wäre, sondern daran, dass schlechte Nachrichten die Einschaltquoten erhöhen.

*Wir müssen den Blick für das Gute in unserer Zeit wiederfinden.*

Verstehen Sie mich nicht falsch. Ich liebe Filme. Ich schaue gerne DVDs an oder gehe ins Kino. Und wenn ich irgendwo im Hotel übernachte, sehe ich auch fern. Lustig wird es vor allem, wenn man dem Drang widersteht, zum Wichtigen zu schauen, auf das die Filmmacher unseren Blick lenken wollen. Beim zweiten oder dritten Mal, dass Sie einen Werbespot sehen, können Sie ein spannendes Spiel daraus machen, einmal die Menschen anzuschauen, die im Hintergrund zu sehen sind. Gucken sie gelangweilt? „Spielen" sie überhaupt ihre Rolle? Was sieht man noch im Hintergrund? Welche Möbel, welche Gärten, welche Schuhe?

Aber neben der schönen Unterhaltung finde ich es wichtig, dass wir unser Leben selbst im Griff behalten und uns nicht jeden Abend vier Stunden einer Gehirnwäsche aussetzen. Die Mischung macht's. Mal ein Krimi ist bestens in Ordnung. Hauptsache, wir vergessen nicht die wirkliche Welt um uns herum, die deutlich mehr zu bieten hat als das flache Flimmerbild.

## Nicht gut genug?

Warum haben wir bloß so wenig Selbstvertrauen? Die meisten Menschen, die ich kenne, kämpfen mit Minderwertigkeitsgefühlen. Wir sind überfordert: Für die Steuererklärung müssen wir halbe Buchhalter sein, für den Umgang mit dem Computer halbe Informatiker, fürs Zeitunglesen halbe Politikwissenschaftler – ständig haben wir das Gefühl, nicht gut genug zu sein.

Oder liegt es an den Stars, die uns in computerbearbeiteten Fotos Perfektion vortäuschen? An den Filmhelden, den makellosen Familien in den Werbespots? Liegt es am gefühlten Anspruch, man müsse jederzeit in Familie, Beruf und Freizeit brillieren?

Wir erwarten von uns, jeden Tag gut gelaunt und leistungsfähig zu sein. Wir erwarten Gesundheit, 365 Tage im Jahr. Wir erwarten Bestleistungen, unabhängig von der Tageszeit. Halten wir uns überhaupt noch für Lebewesen, oder sind wir schon heimlich davon überzeugt, eine Maschine zu sein?

Es fällt uns schwer, hinzunehmen, dass wir nicht sofort alles können. Unbewusst haben wir den Anspruch an uns selbst, Allrounder zu sein. Ich kann nicht an meinem Auto schrauben. Ich kann nicht kraulen. Ich kann nicht kochen. Ich habe einen nur schwach ausgeprägten Orientierungssinn. In rasanten Reaktionsspielen bin ich eine Niete, und beim Fußball passe ich den Ball versehentlich zu den Gegnern, weil ich vor lauter Hektik nicht mitbekomme, wer wo steht. Ich kenne mich weder mit

Opern aus noch mit Weinsorten, und beim Einparken brauche ich mehr Anläufe als mancher Fahrschüler. Es gibt etliche Gebiete, in denen ich noch dazulernen muss.

Aber ich kann gut Geschichten erzählen. Ich kann mich vor Fernsehkameras mit wildfremden Leuten unterhalten, und ich lese gut vor. Ich kann gut beobachten. Ich kann mich in andere Menschen hineinfühlen.

*Ich lerne, dass es Dinge gibt, die andere gut können und ich nicht.*

Was ergibt das in der Summe? Bin ich okay?

Oft halte ich mich für dumm, für unfähig, für unbegabt, anstatt einfach zu akzeptieren, dass ich Stärken habe und Schwächen, an denen ich arbeiten kann.

Ich glaube, dass diese Welt geschaffen wurde, dass ein Designer hinter allem steht. Dieses Wesen begleitet mich schon seit meiner Geburt durch mein Leben. Es wünscht das Beste für mich, und es hat ein Bild von mir im Kopf, das den idealen Titus zeigt. Nicht dasselbe Bild für Sebastian, Lucia und Max, sondern für jeden ein anderes. Ein Gott, der solche Vielfalt geschaffen hat – die unzähligen Schmetterlingsarten! Abertausende von Fischen! Ameisen und Elefanten und Regenwürmer! – geht nicht mit der Einheitsschablone an uns Menschen heran.

Mal angenommen, ich habe recht: Dann hat Gott also diesen Ideal-Titus im Kopf. Den Titus, der seine Fähigkeiten entwickelt hat, der sich entspannen kann und lieben und verzeihen kann und mit sich im Gleichgewicht ist. Das heißt nicht, dass der Ideal-Titus wie ein Manchester-United-Profi Fußball spielt und ein begabter Sternekoch ist. Gott hat diesen Weg nicht für mich vorgesehen. Ich soll Geschichten erzählen.

Wenn ich mich auf eine Freundschaft mit meinem Schöpfer einlasse, dann hilft er mir, dem Ideal-Titus ein winziges bisschen ähnlicher zu werden hier auf der Erde. Ich lerne zu akzeptieren, dass ich nicht alle Fähigkeiten der Welt auf mich vereinen muss; dass es auch Dinge gibt, die andere gut können und ich nicht. Das ist in Ordnung! Der Schöpfer der Vielfalt liebt Sie und mich wie wir sind.

# Irgendwann kommt ein schöner Augenblick

An guten Tagen, wenn die Sonne scheint und kein Schuh drückt, halte ich mein Leben für ein großes Glück. Ich bin zufrieden mit meiner Wohnung, mit meiner Freundin, mit mir selbst. Ich freue mich an den vielen Büchern, die ich habe, und schreibe begeistert. Das Essen schmeckt und meine Kleidung gefällt mir.

An schlechten Tagen, an denen es morgens gar nicht richtig hell wird, wenn blöde Aufgaben mich erwarten und ich mit mir selbst im Streit bin, da schmeckt das Essen nicht. Ich finde meine Anziehsachen doof und mein Leben kommt mir wie die Geschichte eines Versagers vor.

Wie sehr die Beurteilung doch von meiner momentanen Stimmung abhängt!

Mitunter hängt mein Weltschmerz einfach damit zusammen, dass ich müde bin und mein Körper sich Erholung und Schlaf wünscht. Solche einfachen Bedürfnisse können meine Lebensinterpretation einfärben.

Erinnern Sie sich an die Zeit, als Sie Kind waren? Sie hatten das Phänomen der Müdigkeit noch nicht verstanden. Sie merkten nur, dass am Abend das Spielen keinen Spaß mehr machte. Sie waren reizbar, Ihnen war plötzlich alles zu viel, jeder kleine Misserfolg brachte Sie zur Verzweiflung. Das Leben war sperrig, das machte Sie wütend und gab Ihnen gleichzeitig das Gefühl, sehr klein zu sein.

Was war die Lösung?

Die Eltern wussten sie, auch wenn Sie nichts davon hören wollten: „Du bist müde. Zeit, ins Bett zu gehen."

Wenn Sie also gerade mit Ihrem Leben, Ihrem Partner, Ihrem Beruf überhaupt nicht zufrieden sind – ziehen Sie nicht zu schnell ein düsteres Resümee. Schlafen Sie sich aus. Essen Sie etwas Gutes. Nehmen Sie in Ruhe ein Bad. Manchmal sieht die Welt danach anders aus.

*Schlafen Sie sich aus. Essen Sie etwas Gutes. Manchmal sieht die Welt danach anders aus.*

Während Lena an ihrer Diplomarbeit schrieb, hatten wir eine schlimme Beziehungskrise. Wir waren beide nicht glücklich in dieser Zeit. Eines Nachts, als Lena weinte, stand sie aus dem Bett auf und schrieb auf eine Karte:

„Irgendwann kommt ein schöner Augenblick."

Sie hängte die Karte gut sichtbar an die Wand. Sie sagte sich (so hat sie es mir später erzählt): Irgendwann muss es doch wieder schön werden! Während der nächsten Wochen notierte sie sich auf dieser Karte glückliche Momente, die sie erlebte, um sich daran zu erinnern, dass es auch Gutes gibt. Der Vorname eines Kindes steht darauf, weil das Kind sie angelächelt hat. Vögel stehen darauf, die so schön gesungen haben. Ein Musikstück, das sie berührt hat.

Tatsächlich wurde es wieder gut. Die Diplomarbeit wurde akzeptiert, und auch wir konnten unsere Streitpunkte lösen. Vielleicht hilft Ihnen Lenas Nachtgedanke: Irgendwann kommt ein schöner Augenblick.

## Die Suche nach Gott

Stellen Sie sich eine Anleitung zum Fahrradfahren vor.

Schritt 1: Halten Sie den Lenker fest.

Schritt 2: Setzen Sie den linken Fuß auf das linke Pedal.

Schritt 3: Schieben Sie das Fahrrad an und schwingen Sie den rechten Fuß über den Sattel.

Schritt 4: Bewegen Sie die Füße auf den Pedalen in einem Kreisrund und halten Sie dabei die Balance …

So funktioniert das nicht. Man kann nicht theoretisch Fahrradfahren lernen. Ein Onlinekurs oder eine Fernakademie schließen sich bei diesem Thema aus. Es lässt sich nur durch praktisches Üben erobern. Ich bin damals mit meinem Fahrrad frontal gegen eine Mauer gefahren, weil ich die Kurve nicht hingekriegt habe. Ich habe Laternenpfähle gerammt und Verkehrsschilder. Ich habe mir beim Umkippen die Knie aufgeschlagen, und einmal bin ich so schlimm mit der Hose in der Kette hängen geblieben, dass es nicht nur den Stoff, sondern auch meine Haut zerrissen hat.

*Treten Sie selbst die Pedale – auch bei der Suche nach Gott!*

Aber ich habe dazugelernt: von dem Moment an, als mein Vater hinter mir den Gepäckträger losließ („Ich bin da, fahr weiter, Titus!"), bis hin zur 200-Kilometer-Tagestour in den Süden.

Bald fuhr ich mit Vergnügen Fahrrad. Nach der Schule war der Heimweg immer eine Erfrischung, und während des Studiums hatte ich gute Ideen für Romane, während ich von einem Institut zum anderen radelte.

Ich weiß nicht, ob Sie auf der Suche nach Gott sind, so wie ich. Aber falls Sie herausfinden wollen, ob es ihn gibt und wie und wer er ist, dann bleiben Sie nicht bei Onlinekursen und Büchern stehen. Setzen Sie sich aufs Fahrrad. Treten Sie selbst die Pedale. Wenn Gott auch nur ansatzweise so ist, wie ich es bisher erlebt habe, dann schätzt er es, dass Sie selbst mit ihm Kontakt aufnehmen. Bitten Sie ihn, sich Ihnen zu zeigen. Die Reiseberichte anderer sind schön und gut, aber diese Reise sollten Sie selbst erleben, sonst verpassen Sie das ganze Abenteuer.

## Von bummelnden Zugführern

Im ICE nach München gibt der Zugführer über die Lautsprecher bekannt, dass wir 36 Minuten Verspätung haben. „Arschloch", sagt der Mann, der mir gegenüber sitzt. Als habe der Zugführer gebummelt, als habe er beim Fahren Zeitung gelesen und dadurch ein zu gemütliches Tempo eingelegt.

Womöglich ist irgendwo ein Mensch auf die Schienen gesprungen. Das dürfen sie nicht ansagen, weil es sonst in der nächsten Woche drei Nach-ahmer gibt. Und weil sie es nicht ansagen, schimpft ein anderer Fahrgast in sein Handy: „Die Scheiß-Deutsche-Bahn hat mal wieder Verspätung."

Manchmal, fürchte ich, ist es uns zu anstrengend, über das wirkliche Leben nachzudenken. Lieber bleiben wir in der Scheinrealität, in der die Deut-sche Bahn scheiße ist und Zugführer bummeln. Wir können unsere Ungeduld nicht mehr im Zaum halten, wir sind Nervenbündel geworden. Wie sonst ist es zu erklären, dass wir so schrecklich darunter leiden, ein paar Minuten Verspätung zu haben?

1910, als Autos in Mode kamen, schrieb Octave Mirbeau: „Man muss sagen … dass Automobi-lismus eine Krankheit ist, eine Geisteskrankheit. Diese Krankheit hat einen hübschen Namen: Ge-schwindigkeit … (Der Mensch) kann nicht länger stillstehen, er zittert, die Nerven angespannt wie Sprungfedern, ungeduldig, sich wieder auf den Weg zu machen, sobald er irgendwo angekommen ist, weil es nicht woanders ist, woanders, immer irgendwo anders …"

Die Menschheit hat an Produktivität zugelegt, jedes Jahr „schaffen" wir mehr. Heute leistet einer, wozu früher ein Dutzend Menschen notwendig waren. Aber wir haben uns dafür entschieden, diese hohe Produktivität in mehr Geld umzusetzen, in zusätzliche Sachen, anstatt in mehr freie Zeit. Unsere Gesellschaft hat das Geld der Zeit vorgezogen.

Kaum schaffen wir es, die Sachen, die wir uns kaufen, auch zu verbrauchen. Wir öffnen den Kühlschrank nicht in der Vorfreude auf leckere Speisen, sondern sehen darin hektisch nach den Haltbarkeitsdaten und entscheiden, was zuerst „wegmuss". Wir werfen Kleider fort, weil der Schrank überquillt. Wir bringen Möbel auf den Recyclinghof und sind erleichtert, dass es dort einen Raum gibt, in dem sich Arme etwas abholen können, denn eigentlich sind unsere Möbel noch gut, sie entsprechen nur nicht der aktuellen Mode.

*Spielen ist die beste Therapie für uns.*

Kann es sein, dass wir zu viele Sachen haben? Dass wir mehr Geld als Zeit haben? Wagen Sie den Tausch. Bummeln Sie Überstunden ab, anstatt sie sich auszahlen zu lassen. Lesen Sie lieber ein Buch, das Sie schon seit Jahren lesen wollten, hören Sie eine Musik, die Sie schon lange nicht mehr gehört haben, sehen Sie sich alte Fotos an. Gehen Sie mit einem Freund an das Grab seiner Eltern, oder nehmen Sie den Nachbarn für einen Nachmittag die Kinder ab und spielen Sie mit ihnen.

Spielen ist überhaupt die beste Therapie für uns. Es erwirtschaftet nichts (es sei denn, Sie pokern um Geld, aber auch dann erwirtschaftet es wahrscheinlich nichts). Spiele befördern weder die Karriere noch bringen sie zusätzliche Sachen ins Haus. Aber sie bringen uns dazu, Zeit mit Menschen zu verbringen, zu lachen und fröhlich zu leben.

## Kleine Wunder

Elisabeth, eine Buchhändlerin, schrieb mir: „Beim Hören deiner Lebenskünstler-Geschichten musste ich immer wieder an meine älteste Tochter Nicole denken. Die geht am Sonntag spazieren – und schickt mir dann per Mail Fotos von ihren Entdeckungen: ein Pilz in der Wiese, ein Käfer auf einem Blatt, eine Blume im Moos …"

Beim Spazierengehen kleine Wunder zu sehen, ist eine kostbare Fähigkeit. Käfer sind alles andere als banal und unwichtig. Es tut uns gut, wenn wir uns die Zeit nehmen, das Moos zu streicheln und über eine Blume zu staunen.

Ibrahim Evsan, Medienberater der Landesregierung Nordrhein-Westfalen und Gründer der Social Community Sevenload, zeigte mir kürzlich Bilder von Robotern und erzählte mir, wie weit uns da der Fortschritt schon gebracht hat. Ein Roboter kann blitzschnell Puzzle lösen, indem er mit seinen Kameraaugen die Stücke ausmisst und dann die richtigen zusammenfügt. Ein anderer wird in naher Zukunft von der Armee als Kampfmaschine eingesetzt. Der dritte baut aus Plastikbechern Türme.

Und doch stimmt bis heute, was Heinrich Heine sagte: „Jeder dumme Junge kann einen Käfer zertreten. Aber alle Professoren der Welt können keinen herstellen." Keiner der Roboter kann sich fortpflanzen, keiner kann essen und sich damit die Energie verschaffen, die er zum Laufen braucht. Die Roboter können nicht fliegen, Gänge graben und außerdem noch mit feinen Haken an den Füßen einen Baumstamm hinaufklettern und sich an einem Blatt festhalten. Käfer können das.

*Lassen wir uns nicht das Staunen austreiben.*

Natürlich eifern wir Menschen mit unseren Erfindungen Gottes Schöpfung nach. Das ist gut so! Weil er in uns schöpferische Fähigkeiten angelegt hat, können wir inzwischen Flugzeuge bauen, Fahrstühle, U-Boote und Mobiltelefone.

Ich staune über die winzigen Wundertiere, die unser Vorbild sich ausgedacht hat, die Käfer und Ameisen und Wasserläufer, und sehe überall Gottes Fürsorge. Er hat unsere Lebenswelt gut eingerichtet. Die Abläufe in der Natur sind so stabil, dass wir es trotz unseres unvernünftigen Wütens bis heute nicht geschafft haben, sie aus dem Gleichgewicht zu bringen. Erst jetzt merken wir, was eine Erwärmung der Atmosphäre um ein oder zwei Grad bedeutet, und erschrecken.

Wir sind kluge Wesen. Lassen wir uns vom Stolz nicht das Staunen austreiben über das, was jenes noch klügere Wesen getan hat und tut.

## Heiß duschen

Heute fiel mir im Bett, gleich nach dem Aufwachen, eine Geschichte ein. Wie einen Film sah ich sie vor mir. In solchen Momenten darf ich keine Zeit verlieren, indem ich mich erst anziehe, die Zähne putze und frühstücke – bis dahin wäre die Geschichte nur noch verschwommener Nebel. Also habe ich mich im Pyjama an den Computer gesetzt und geschrieben. Die Geschichte war gerettet.

Als ich mit dem Niederschreiben fertig war, fror ich. Eigentlich hatte ich vor, erst am Abend nach dem Volleyballspielen zu duschen, aber ich brauchte Wärme. So habe ich mich unter die Dusche gestellt, und es fühlte sich wunderbar an, wie das heiße Wasser über meinen Körper spülte und mich langsam aufwärmte.

Dieses ungeplante Duschen macht mir bewusst, welchen Luxus ich genieße. Ich kann so oft heiß duschen, wie ich möchte, ohne fürchten zu müssen, dass das Geld dann nicht mehr für Miete oder Essen reicht.

*Es fühlte sich wunderbar an, wie das heiße Wasser mich langsam aufwärmte.*

Ein Bad in 180 Litern heißem Wasser kostet 25 Cent für das Wasser und 4,50 Euro für Strom oder Gas. Einmal zu baden kostet also 4,75 Euro. Zehn Minuten zu duschen kostet 1,50 Euro. Denken Sie jemals über diese Preise nach? Oder leisten Sie sich – wie ich – unbesorgt das Bad?

Ich fühle mich jetzt sauber und warm, und meine Haut ist erfrischt. Außerdem habe ich einen neuen Pullover angezogen, anthrazitfarben, den ich heute zum ersten Mal trage. Ich bin glücklich! Der Tag kann beginnen.

## Jugendliche Träume

Was man als junger Mensch nicht alles träumt und wagt! Mit der Jugendgruppe, von der ich an anderer Stelle in diesem Buch bereits erzählte, haben wir damals ein Café gegründet. Dafür durchbrachen wir die Wand zwischen zwei Kirchenräumen und machten einen großen Raum daraus. Wir bedruckten T-Shirts mit dem Namen des Cafés, erfanden Cocktails, verteilten Flyer. Wir hatten sogar den Plan, einen von uns fest anzustellen! (Leider mussten wir das Ganze nach zwei Jahren wieder aufgeben.)

Während des Zivildienstes gründete ich eine Literaturzeitschrift. Sie sollte Gedichte, Kurzgeschichten, Zeichnungen, Essays und Fotos abdrucken. Ich fuhr mit dem Fahrrad in den Süden Berlins, weil die Copyshops dort, wo kein Mensch hinkommt, günstiger sind. Nach sorgfältig ausgedruckten Papiervorlagen ließ ich 85 Exemplare der ersten Ausgabe herstellen. Der Ladeninhaber heftete sie vor meinen Augen zusammen. Auf dem Umschlag stand: „1. Ausgabe März 1998". In jugendlicher Euphorie ging ich davon aus, dass binnen Monats- oder Zweimonatsfrist eine zweite Ausgabe folgen würde.

Die erschien tatsächlich, in 150 Exemplaren. Ich gründete einen Verlag – ohne je einen besucht zu haben –, und veröffentlichte zwei Sachbücher. (Die ließ ich richtig drucken. Getackert hätte sie mir keiner abgenommen.) Sie verkauften sich gut. Den Verlag habe ich längst abgegeben, aber die Zeitschrift gibt es noch: Die *Federwelt* erscheint, herausgegeben von Sandra Uschtrin, im 13. Jahrgang in einer zweimonatlichen Auflage von 3.000 Exemplaren. Über 70 Prozent der Hefte gehen an feste Abonnenten.

Aus heutiger Sicht würde ich sagen, ich war ziemlich unvernünftig. 1998 war ich 21 Jahre alt und habe nicht viel über Risiken und Erfolgschancen nachgedacht. Heute, mit 32, wünsche ich mir manchmal etwas von der Euphorie und Unvoreingenommenheit zurück, die ich damals besaß.

Was haben Sie geträumt und getan, als Sie jung waren? Sind Sie mit dem Fahrrad durch Europa gefahren? Haben Sie versucht, einen Flugapparat zu bauen oder ein U-Boot? Haben Sie den Zuständen der Welt den Kampf angesagt? Jeder kann Geschichten davon erzählen, wie naiv er oder sie in Jugendjahren war.

Vielleicht aber sind wir in unserer Naivität reicher gewesen, als wir es heute in unserer „Reife" sind. Albert Schweitzer war mit 30 Jahren ein gefeierter Organist, Philosoph und Universitätsdozent. Trotzdem brach er seine Karriere ab, studierte Medizin und ging für den Rest seines Lebens in ein kleines Dschungeldorf in Afrika, um dort ein Krankenhaus für die Vernachlässigten aufzubauen. Er reagierte auf den Begriff „Reife" mit Unwillen:

„Ich höre dabei die Worte Verarmung, Verkümmerung, Abstumpfung als Dissonanzen miterklingen. Was wir gewöhnlich als Reife an einem Menschen zu sehen bekommen, ist eine resignierte Vernünftigkeit. Einer erwirbt sie sich nach dem Vorbild anderer, indem er Stück um Stück die Gedanken und Überzeugungen preisgibt, die ihm in seiner Jugend teuer waren: Er glaubte an die Menschen, jetzt nicht mehr. Er glaubte an das Gute, jetzt nicht mehr. Er eiferte für Gerechtigkeit, jetzt nicht mehr. (…) Um besser durch die Fährnisse und Stürme des Lebens zu schiffen, hat er sein Boot erleichtert. Er warf Güter aus, die er für entbehrlich hielt. Aber es war der Mundvorrat und der Wasservorrat, dessen er sich entledigte. Nun schifft er leichter dahin, aber als verschmachtender Mensch."

*Was haben Sie geträumt, als Sie jung waren?*

Wir sagen den Jüngeren: Warte, bis du in unser Alter kommst! Wir lächeln über ihre Unerfahrenheit. Dabei sollten wir sie beneiden, denn sie sind begeisterungsfähig, und Zweifel können sie nicht davon abhalten, etwas Großes in Angriff zu nehmen.

Bewahren wir uns, wenigstens in Teilen, ein 21-jähriges Herz.

## Die Ewigkeit im Herzen

Ich dachte immer, ich stehe über diesem ganzen „Hilfe-ich-werde-30-40-50"-Quatsch. Tue ich aber nicht. Als ich 30 wurde, bin ich abgehauen und habe meiner Oma den Garten umgegraben. Ich wollte niemanden sehen und den Geburtstag nicht feiern. Inzwischen siezen mich junge Leute. Woran sehen sie, wie alt ich bin? Ich habe nicht gemerkt, dass ich auch äußerlich älter geworden bin.

Alfred Kerr wird der kluge Satz zugeschrieben: „Ich schaute um halb elf auf die Uhr, und es war erst Viertel nach acht." Unser Gefühl stimmt nicht immer mit der wirklichen Zeit überein. Ich fühle mich überhaupt nicht wie 32, eher wie 23. Und indem ich das sage, habe ich mich schon disqualifiziert. Solche Sprüche kamen früher immer nur von den Leuten, die bedauernswert alt waren.

In der Bibel steht im Buch Prediger ein zauberhafter Vers: „Gott hat alles schön gemacht zu seiner Zeit, auch hat er den Menschen die Ewigkeit in ihr Herz gelegt."

Was bedeutet das, die Ewigkeit im Herzen zu tragen? Heißt es, dass wir eine Ahnung verspüren, dass wir für die Ewigkeit geschaffen wurden? Ewigkeit. Ich gestehe, dass mein Herz auf dieses Wort mit Sehnsucht reagiert.

Ich glaube wirklich an ein Leben nach dem Tod, an einen neuen Körper, eine neue Zeit – ganz ohne Uhren. Da möchte ich spazieren gehen am Meer, bis ich es umrundet habe. Ich möchte jemanden besuchen für drei Jahre, ohne die geringste Unruhe oder Aufbruchstimmung, bis unsere Gespräche reif und tief geworden sind.

Es gibt Wichtiges zum Thema Zeit zu sagen. Als Schüler wussten wir immer, wann wir uns konzentrieren mussten und wann Pause war. Wir wussten, wann Hausaufgaben und Lernen an der Reihe waren und wann wir alles stehen und liegen lassen konnten. In den Hofpausen haben wir Tischtennis gespielt.

*Gott hat den Menschen die Ewigkeit in ihr Herz gelegt.*

Als Erwachsene müssen wir unsere freie Zeit selbst festlegen. Bei manchem Erwachsenen klingelt es nie zur Pause. Mit schlechtem Gewissen würgt er sein Pausenbrot runter, schaut verzweifelt aus dem Fenster und hasst sich dafür, dass er zu müde ist, um weiterzuarbeiten. Falls Sie einer von diesen Erwachsenen sind, denken Sie daran: Sie tragen die Ewigkeit im Herzen. Die paar Minuten Pause können Sie locker verschmerzen.

Hanser-Verleger Michael Krüger hat in einem Interview einmal wunderbar entspannt geantwortet: „Der große Baum da hinten, das ist ein Bergahorn, den gucke ich jeden Tag an und überlege mir, wie ein solcher Baum, ein solches Kraftwerk funktioniert. Der muss jeden Tag 300 Liter Wasser haben, mit einer unglaublichen Pumpe muss das bis nach oben bewegt werden. Die Wurzeln, mit allen Haarwurzeln zusammengelegt, ergeben eine Strecke von hier bis Danzig. Und es ist trotzdem eine Gestalt, die in größter Ruhe dasitzt, die mit schöner Regelmäßigkeit ab Mitte November das Laub verliert und im Frühjahr wieder anfängt zu blühen. Was da drin los ist! Nach außen vollkommene Ruhe."

Lassen Sie uns solche Bäume sein, die Wurzeln im Hier und Jetzt und die Zweige schon zur Ewigkeit ausgestreckt.

## Fröhliche Menschen

Der ICE Düsseldorf–München. Ein gebrechlicher Mann mit Krücken müht sich, die Treppen in den Zug hinaufzukommen. Für jede Stufe braucht er eine Ewigkeit. Hinter ihm staut sich alles. Reisende verlassen die Schlange und weichen auf andere Türen aus, weil absehbar ist, dass es hier noch lange dauern wird. Endlich ist er drin, und auch ich kann einsteigen. Im Waggon kriecht er auf seinen Krücken vorwärts. Er muss wieder stehen bleiben und wir hinter ihm genauso – diesmal allerdings, weil eine Traube von Leuten den Gang versperrt. Er schimpft: „Geht's hier endlich mal weiter? Sie halten uns alle auf!"

Ich kann nicht fassen, dass er das sagt! Niemand hat ihn kritisiert (es wäre ja auch makaber, einen alten Mann auf Krücken anzutreiben). Ist ihm denn nicht bewusst, welchen Stau er selbst gerade verursacht hat? Er schimpft nach vorn, während er hinter sich Reisende zu größter Geduld zwingt. Wie blind wir manchmal sind!

Wir sind von Angeboten umschwärmt, die uns glücklich machen sollen, und haben das Geld, um sie zu bezahlen: Internet mit High-Speed-DSL-Zugang, schöne Kinofilme, rund um die Uhr tolle Musik in zahllosen (Web-)Radiosendern, Sportangebote, Computerspiele, Freizeitparks, Erholungszentren, Schwimmhallen, Tanzschulen, Kinos, Theater, Cafés … Unser Zeitalter ist die Ära der Unterhaltung und der Freude. Warum sind wir so traurig und unzufrieden?

Stefan Mann, ein promovierter Volkswirt und Urenkel des Schriftstellers Thomas Mann, untersucht in seinem klugen Buch *Markt, Glück und Staat* die Gründe für unsere Unzufriedenheit. Er schreibt: „Eigentlich ist es paradox, dass der subjektive Leistungsdruck in unserer Gesellschaft immer höher zu werden scheint, während der objektive Leistungsdruck so tief ist wie nie."

Einfacher ausgedrückt: Wir fühlen uns, als hätten wir es schwer, und haben es dabei so leicht wie noch nie. Wir müssen keine Angst haben um Nahrung, das Dach über dem Kopf, medizinische Versorgung, Frieden und Unversehrtheit. Die Generationen vor uns hatten da einen ständigen Kampf auszufechten. Wir nicht, und trotzdem fühlen wir uns unter Druck und machen uns Sorgen.

In früheren Jahrhunderten haben sich die Menschen körperlich sehr angestrengt bei der Arbeit. Ein Müller schuftete im Mittelalter von fünf Uhr am Morgen bis zweiundzwanzig Uhr am Abend in der Mühle. Im 19. Jahrhundert waren Arbeiter in Manufakturen und Fabriken bis zu 16 Stunden am Tag beschäftigt. Sie litten unter Unsicherheit, hatten Hunger, besaßen nur *ein* Bett für mehrere Familienangehörige. Sie konnten sich Beruf und Wohnort nicht aussuchen wie wir, konnten nicht reisen wie wir, nicht luxuriös speisen. Damals träumte man davon, einmal eine so lange Friedensperiode zu erleben, wie es sie in Deutschland seit 65 Jahren gibt.

Wir leben wie die Made im Speck. Warum fühlen wir uns – mit all unserer Freiheit – nicht leicht und glücklich? Natürlich, auch wenn wir weniger Stunden arbeiten als die Leute damals, wir strengen uns an bei der Arbeit. Und das Dumme ist, wir strengen uns bei der Freizeit gleich wieder an! Wir brauchen Kraft, um uns zu entspannen, wir haben regelrechten Freizeitstress. Angst, etwas zu verpassen. Angst, hinterherzuhängen. Angst vor der freien, unverplanten Zeit.

*Wir leben wie die Made im Speck. Warum fühlen wir uns nicht glücklich?*

Trotzdem, Sie könnten es mal versuchen: Seien Sie kein meckernder alter Mann an Krücken. Wir haben Grund, fröhliche Menschen zu sein.

## Unmusikalische Computer

Im Jahr 2007 machte die Redaktion der WDR-Sendung *plusminus* ein Experiment mit den Sprachcomputern der Deutschen Bahn, einigen Banken, der Bundesagentur für Arbeit und der T-Com.

Die Redakteure wollten herausfinden, wie man es schaffen konnte, möglichst schnell an einen Berater weitergeleitet zu werden, anstatt sich mit dem nervigen Computer abmühen zu müssen. Dabei entdeckten sie einen Trick: Wenn sie kräftig sangen, gab der Computer auf. Die Sprachcomputer reichten die *plusminus*-Redakteure innerhalb von zehn bis zwanzig Sekunden an einen menschlichen Servicemitarbeiter weiter. Die Redakteure mussten dafür nur gleich nach Zustandekommen der Verbindung eine Melodie in das Telefon singen, wobei sie kein Lied mit Text wählten, damit der Computer nicht versuchen würde, den Text als Sprache zu verstehen. Als effektiv erwies sich kurzes, kräftiges Ansingen und anschließendes Schweigen, damit der Computer versuchen konnte, die Eingabe zu analysieren. Bei einer Melodie gelang ihm das nicht.

Wenn ich Radio höre, staune ich, was wir Menschen mit unserer Stimme anfangen können. Und mit Instrumenten: Wir zupfen Saiten, die wir über Holzkästen gespannt haben, wir blasen Luft in Klangkörper aus Metall und schlagen Drähte mit Hämmerchen an. Musik entsteht. Was sie alles zum Ausdruck bringen kann, Leichtigkeit, Glück, Trauer, Schwere, Euphorie, Sehnsucht!

Ich habe 171 Musikalben auf CDs und im Computer, 171 „Konzerte", von Filmmusik bis Pop, von Jazz bis Klassik, unter denen ich je nach Stimmung und Bedürfnis auswählen *Schönheit* kann. Wenn jedes dieser Alben nur *und Gefühl in* zehn Tracks hat, dann sind das *Musik zu legen,* 1.710 Musikstücke, traurige, be- *kriegt kein Com-* schwingte, alles, was mein Herz *puter hin.* begehrt. Dazu kommen Radiosender, Lieder, die ich vor mich hinsumme, die Melodie einer Amsel vor meinem Fenster …

Ich bin froh über diese Töne, über diese Melodien. Schönheit und Gefühle und Tiefgründigkeit in Musik zu legen, kriegt kein Computer hin. Aber wir Menschen beschenken uns damit.

## Kinderspiele

Vor der Lesung in Wilsdruff bei Dresden betrete ich einen Schreibwarenladen. Die Verkäuferin berät gerade einen Jungen, der ein Geschenk für die Geburtstagsfeier seines Spielkameraden sucht. Sie sagt: „Du kannst auch einen Mätscher nehmen."

Sofort bin ich wieder in meiner Kindheit.

Ich habe bis zur Wende in der DDR gelebt. Für uns waren Mätscher damals der Inbegriff von Spielzeug. Wir haben unsere kleinen Matchbox-Autos auf dem Wohnzimmerteppich eingeparkt, wir haben ihnen Heftpflaster auf die Unterseite geklebt und ihre Maximalgeschwindigkeit daraufgeschrieben, wir haben ihre Federung getestet und ob sie von allein geradeaus fahren. Weil es in der DDR keine Matchbox-Autos gab, waren die wenigen, die es über die Grenze zu uns geschafft hatten, echte Schätze.

Seit achtzehn Jahren habe ich dieses Wort nicht mehr gehört: Mätscher. Und das auch noch in Sächsisch! Manchmal öffnet ein Wort schlagartig die Pforte zu den Kindheitserinnerungen. Ich muss an eine Menge denken.

Wie wir unsere Spielzeugtiere in der Wohnung aufstellten, Elefanten, Pferde, Löwen, Tiger, Rehe, und uns mit dem Gesicht auf den Boden legten, um auf Augenhöhe mit ihnen zu sein. Manchmal haben wir geweint vor Rührung über diese Spielzeugwelt.

Oder wie wir „Kaiser der Welt" waren: Julian,

mein jüngerer Bruder, der Kaiser, und Claudius, der ältere, sein Minister. Ich habe die Personen gespielt, die als Bittsteller zum Kaiser kamen – Gauner, Abgesandte des Militärs, Geschäftsleute. Der Kaiser und sein Minister mussten dann jeweils entscheiden, ob sie Gelder oder Hilfe gewähren wollten. Das konnte so aussehen, dass der Kaiser auf einem Quittungsblock eine hohe Summe notierte und mit gönnerhafter Geste den Zettel aus dem Block riss und ihn mir überreichte. Ein anderes Mal wies der Kaiser mich ab und ließ mich aus dem Palast werfen.

Wir haben natürlich auch draußen gespielt, im nahe gelegenen Park oder auf dem Hof eines Nachbarhauses. Und schon kommt ein Knacks in die schönen Kindheitserinnerungen. Der Hof war herrlich, eine sonnengeflutete Wiese mit einer Terrasse, eine Mauer, die man erklettern konnte, und Mülltonnen, bei denen wir in Deckung gehen konnten, während wir mit kleinen Stöckchen als Pistolen imaginär aufeinander schossen. Meistens, wenn wir gerade begeistert spielten, ging ein Fenster auf (ich könnte Ihnen heute noch zeigen, welches), und ein Mann brüllte: „Verschwindet! Spielt auf eurem eigenen Hof!"

Unser Hof war dunkel, schmutzig und klein wie

ein Rattenloch. Dort hätte niemand seine Kinder spielen lassen. Der Mann hasste uns, daran bestand kein Zweifel. Wir waren ihm zu laut.

Als mein Vater eine neue Arbeitsstelle bekam, zogen wir um, und so verbrachte ich meine Teenagerjahre in Berlin, im Stadtteil Marzahn. Plötzlich gab es keinen Park mehr und keinen grünen Hinterhof. Es gab Spielplätze, aber da standen Schilder, dass sie für alle über dreizehn Jahre verboten waren. Irgendwie fiel meine Altersgruppe durchs Raster. Ich gehörte nirgendwo hin.

Meine Brüder und ich fühlten uns nicht erwünscht im Plattenbauviertel. Es gab – außerhalb der Wohnung – keinen Platz, wo wir Kinder sein durften. Deshalb liefen wir oft zu einem Wald außerhalb der Stadt. Dort legten wir auf einem Friedhof Beete an und brachten stolz Petersilie und Schnittlauch nach Hause. Bis unsere Mutter erfuhr, wo die Kräuter gewachsen waren …

Wenn ich an die Verbotsschilder von damals denke, ärgere ich mich immer noch:

*Diese Grünfläche ist keine Spielwiese!*
*Rasen nicht betreten!*
*Das Ballspielen im Torweg ist verboten!*
*Privatgrundstück. Betreten verboten!*

Es gibt viele Regeln in Deutschland. (Andreas Malessa lässt in seinem Buch *Was gibt's da zu lachen?!* jemanden Flaschen in einen Altglascontainer werfen und bemerkt: „Deutschland ist das einzige Land der Welt, in dem auch Mülleimer Öffnungszeiten haben. Werktags und samstags von 9.00 bis 13.00 und 15.00 bis 18.00 Uhr.")

Arno Backhaus schreibt: „Zu Recht wird artgerechte Haltung für Hühner gefordert, aber wie sieht artgerechte Haltung für Kinder aus?"

Was ein Kind sich wünscht, welche Bedürfnisse es hat, das wissen wir alle – schließlich haben wir Erinnerungen an unsere eigene Kindheit. Ich wollte eine Gutenachtgeschichte hören und danach zärtlich zugedeckt werden. Ich wollte das Gefühl haben, erwünscht, geachtet und respektiert zu sein. Mir war es wichtig, ernst genommen zu werden mit meinen Problemen, auch wenn meine Schulaufgaben nicht konkurrieren konnten mit der Bedeutung von Arbeitsstellenkrisen der Erwachsenen. Ich brauchte es, dass man mir trotzdem zuhörte.

Die Psychologin Ursula Nuber berichtet in ihrem Buch *Lass die Kindheit hinter dir* von einer typischen Situation in unserem Umgang mit Kindern. Carol Thatcher, die Tochter der britischen Premierministerin Margret Thatcher, sagte ihrer

Mutter einmal, sie habe heute eine Prüfung und sei ziemlich nervös. Die Mutter erwiderte: „Du kannst gar nicht so nervös sein, wie ich es bin." (Ihr stand eine Abstimmung in der Partei bevor.)

Wie fühlt sich ein Kind, wenn es so behandelt wird? Ihm wird vermittelt: Du bist nicht wichtig. Du zählst nicht. Wann haben Sie zum letzten Mal ein Kind ausreden lassen, das Ihnen etwas erzählen wollte?

*Wann haben Sie zum letzten Mal ein Kind ausreden lassen?*

Wir prägen unsere Kinder. Prägen wir sie mit Gutem! Kürzlich war Barbara Ellermeier bei „Auserlesen" zu Gast, eine studierte Historikerin und Archäologin. Als ich mit ihr über ihre Kinder sprach, sagte sie stolz über ihren zweijährigen Sohn: „Er kann schon Kreuzgang sagen."

Ich musste so lachen!

# Arroganz oder Neugier

*J*ede Generation hält sich für besonders klug. Meine schüttelt den Kopf über Zeiten, in denen es keine Computer gab, keine Handys, kein Internet. Wie rückständig müssen die Leute damals gewesen sein! Wir hingegen halten uns für wissend, als könne es da nicht mehr viel geben, was nach uns noch kommen soll an Erkenntniszugewinn.

Sie meinen, das ist ein modernes Phänomen? Im 18. Jahrhundert hielt man sich für sehr gescheit! Der Blitzableiter wurde erfunden und an die Paläste montiert. Man besaß Mikroskope, wusste von der Aberration des Lichts und lehrte die kinetische Gastheorie. Fahrenheit hatte das Quecksilberthermometer erfunden und Celsius die Thermometereinteilung. Es gab Spinnmaschinen und Spiegelteleskope und sogar Rechenmaschinen mit binärer Zahlencodierung. Man blickte auf die Menschen des 16. und 17. Jahrhunderts herab. Was hatten die schon gewusst – im Vergleich zur neuen Zeit?

Aus unserer heutigen Sicht waren allerdings die Menschen in der Mitte des 18. Jahrhunderts noch recht unwissend: Zum Beispiel hatten sie keinen blassen Schimmer davon, wie ein Erdbeben entsteht! Man vermutete unterirdische Höhlen, in denen Gase sich entzündet hatten. Explodierende Salpeter-Schwefel-Gemische wurden als Ursache für das Beben angenommen. Dr. William Stukeley diskutierte 1750 in der Royal Society die Theorie, ein Erdbeben entstehe, wenn eine Wolke, die nicht elektrisch geladen sei, auf einen Bereich der Erde regne, der sich in einem hoch elektrisierten Status befinde. Wieder andere behaupteten, große Mengen Wasser würden auf unterirdische Feuer stoßen, und die daraus folgende Dampfexplosion lasse die Erde beben. Für uns, die wir wissen, dass Erdplatten sich bewegen und ihre Ränder aneinanderreiben, klingen die alten Erklärungen ziemlich absurd.

Warum aber bilden wir uns ein, dass man nach uns nicht genauso bahnbrechende Entdeckungen machen wird? Glauben wir ernsthaft, die ersten wirklich klugen Menschen zu sein? Ich schäme mich für diese Arroganz.

Wenn es uns schon schwerfällt, uns vorzustellen, dass unsere Kinder einmal die Rasierapparate und Autos des Jahres 2010 für veraltete Ungetüme halten werden, wie blind müssen wir dann erst in anderen Bereichen sein!

C. S. Lewis schrieb: „Auf Erden gibt es keinen

unparteiischen Richter zwischen den Jahrhunderten, denn keiner steht außerhalb des historischen Ablaufs – und keiner ist ihm so gänzlich verfallen wie jener, der unser eigenes Jahrhundert nicht einfach für einen weiteren Zeitabschnitt, sondern für eine endgültige und dauernde Standfläche hält, von der aus er alle übrigen Zeitalter objektiv zu erkennen vermeint."

*Wer seine Wurzeln vernichtet, kann nicht wachsen.*

Von den Generationen vor uns wenig zu halten, bedeutet einen großen Verlust an Schönheiten, die sie geschaffen haben, und an Erfahrung. Friedensreich Hundertwasser sagte einmal: „Wer die Vergangenheit nicht ehrt, verliert die Zukunft, wer seine Wurzeln vernichtet, kann nicht wachsen."

Ich möchte meine Neugier in die Zukunft *und* in die Vergangenheit richten. Beide bergen Schätze, die ich nicht übersehen will.

# Konkurrenzkampf

Als Schüler mussten wir uns vor dem Sportunterricht in Umkleideräumen umziehen, in denen es nach verschwitzten Klamotten stank. Dann ging es eine Treppe hinunter zur Turnhalle. Damit wir uns beim Umziehen beeilten, galt das Gesetz: Wer als Letzter in Turnsachen die Treppe runterkommt, kann gleich wieder kehrtmachen und sich anziehen. Er verbringt – zur Strafe für sein Trödeln – die Sportstunde auf der Bank und schaut zu. Das war wirklich eine Strafe. Es war schrecklich langweilig, den anderen zwei Unterrichtsstunden lang beim Bodenturnen oder Völkerballspielen zuzusehen.

Ich staune, dass mir damals nicht aufgefallen ist, wie ungerecht diese „Motivationshilfe" war. Einer muss ja der Letzte sein, es geht gar nicht anders. Selbst wenn alle im Höchsttempo die Sportsachen anziehen und nahezu gleichzeitig die Treppe hinunterrennen, einer wird bestraft. Ich erinnere mich gut, wie ich beim Umziehen nach den anderen sah und mich einstufte: Gibt es Langsamere als mich? Muss ich mich ranhalten?

Den Konkurrenzkampf habe ich tief verinnerlicht. Ich bin gerade nach München gezogen und habe mich in einer neuen Tanzschule angemeldet. In der ersten Tanzstunde beobachtete ich die anderen Paare: Sind sie besser oder schlechter als wir? Erst als ich sicher war, dass es auch einige gab, die schlechter tanzten, entspannte ich mich. Ich hätte es nicht ertragen, der Schlechteste zu sein.

Und glauben Sie bitte nicht, in einem einsamen Beruf wie dem des Schriftstellers gäbe es keine Konkurrenz. Sobald man ein Buch auf dem Markt hat, fängt man an, sich mit anderen Autoren zu vergleichen. Wessen Buch bekommt als Spitzentitel mehr Platz in der Vorschau? (Die Vorschau ist eine Art Katalog für die Buchhändler. Manche Bücher werden auf einer halben Seite vorgestellt, andere auf zwei oder sogar vier Seiten.) Wessen Buch liegt im Stapel auf den Tischen? Wessen Buch wird in Werbeanzeigen im SPIEGEL beworben? Wessen Buch schickt die Presseabteilung des Verlags an die Feuilletons für Rezensionen? Nicht jedes Buch, das erscheint, wird mit gleich viel Aufwand beworben. Ein Verlag muss Schwerpunkte setzen. Um diese „Schwerpunktplätze" konkurrieren wir Autoren.

Da haben Sie's: Wer schafft es, sich schneller umzuziehen?

Die Gefahr bei dieser Haltung ist, dass die Freude an dem, was man tut, verloren geht. Ich tanze doch nicht, um besser zu sein als andere! Ich tanze, weil es mir Spaß macht, Lena durch den Tanzsaal zu wirbeln. Das vergesse ich, wenn ich nur Augen für die Stärken und Schwächen der anderen Paare habe und damit beschäftigt bin, in meinem Kopf eine Rangliste zu erstellen.

Genauso das Schreiben: Ich erzähle doch keine Geschichte, weil ich mehr Seiten im Katalog haben will! Ich erzähle eine Geschichte, weil sie mich berührt und auch die Leser berühren soll. Das vergesse ich, wenn es mir darum geht, Kolleginnen und Kollegen auszustechen.

Ich kenne Ihre Lage nicht, Ihren Beruf, Ihre Familie, Ihren Alltag. Liefern Sie sich einen Wettlauf mit Ihren Geschwistern? Vergleichen Sie sich mit Freunden, mit Kollegen, mit den Nachbarn? Befreien Sie sich davon. Es geht nicht um Status oder Einkommen im Leben.

*Ich erzähle doch keine Geschichte, weil ich mehr Seiten im Katalog haben will!*

Tanzen Sie. Schreiben Sie. Unterrichten Sie. Bauen Sie. Was immer Ihre Berufung ist. Und genießen Sie die Erfüllung, die es Ihnen gibt.

# Gott und die Spinnen

Spinnen sehen nur wenige Zentimeter weit. Was wohl die Welt für sie bedeutet? Können sie begreifen, was ein Haus ist, ein Baum, eine Autobahnbrücke? Können sie sich ein Wesen von der Größe eines Menschen überhaupt vorstellen? Wenn für sie alles verschwimmt, was sich weiter als ein paar Zentimeter von ihnen entfernt, dann bleibt ihnen nichts, als kunstvoll ihr Netz zu weben und zu warten, bis aus der verschwommenen, unbekannten Welt etwas Fressbares hineinfliegt.

Wir dagegen sind nahezu zwei Meter lang und gehen auf zwei Beinen über diese Erde. Wir bauen Brillen und Fernrohre und Weltraumteleskope, wir schießen Raumfähren in den Himmel und tauchen mit U-Booten in die Meerestiefen hinab. Wir erforschen die mikroskopisch kleinen Lebewesen, die in einem Wassertropfen oder auf einem Stecknadelkopf Platz haben.

Aber auch unsere Sinne reichen nicht unbegrenzt weit. Ohne Licht sind wir blind. Wir hören keinen Ultraschall, und wir können nicht sehen (geschweige denn begreifen), wo das Universum zu Ende ist oder ob es überhaupt ein Ende hat. Wenn es jemanden gibt, der größer ist als das Universum und für den unsere Erde ein Staubkorn ist – wir können ihn nicht erfassen.

Nun behaupten 3,4 Milliarden Menschen, über die Hälfte der Weltbevölkerung, dass es Gott gibt. 2,1 Milliarden sind Christen. Einer davon bin ich, aber ich gestehe, Gott macht mir manchmal Angst.

Ein Wesen, das mich sieht, wie ich wirklich bin, ist nicht gerade eine Beruhigung. Es erkennt ja nicht nur meine offensichtlichen Stärken und Schwächen, sondern auch die Hässlichkeiten, die ich so bemüht bin zu verbergen. Ein Gedanke, der in mir den Impuls auslöst, vor Gott wegzulaufen.

Diese Art von Versteckspiel kenne ich gut. Als wir Kinder waren, kletterten meine Brüder und ich gerne mit Taschenlampen in einen alten Russenbunker. Die Eltern verboten es, schließlich bestand dort Einsturzgefahr. Wie Sie sich denken können, war der Reiz des Bunkers dadurch nicht verschwunden, sondern eher noch größer. Leider konnten wir unsere fortgesetzten Expeditionen in den Bunker nicht verheimlichen, weil unsere Kleidung hinterher jedes Mal nach moderigem Stein roch. Wir sprühten uns mit Deo ein, aber das fiel natürlich auf: Drei schmutzige kleine Jungs, die nach Deodorant dufteten, als hätten sie eine Parfümerie überfallen …

Wir spielten auch auf Bahngleisen, legten Münzen darauf und ließen sie von den Zügen platt fahren, oder platzierten Steine auf den Schienen und versteckten uns im Gebüsch, um zu beobachten, wie sie von den Eisenrädern des nächsten Zugs zermalmt oder fortgesprengt wurden. Die Eltern wussten nichts davon, wir erzählten es ihnen erst rückblickend, als wir längst erwachsen geworden waren.

Ich habe eine Narbe am Knie, glänzendes nacktes Narbenfleisch, weil ich einmal Angst hatte, meine Eltern könnten mir das Taschenmesser wegnehmen. Wir waren als Familie an der Elbe, und wir Jungs hatten mit langem Betteln – und Beteuerungen, wie vernünftig wir schon seien – das Recht errungen, uns Taschenmesser zu kaufen. Ich habe noch die Belehrung meines Vaters im Ohr: „Immer vom Körper weg schnitzen! Niemals mit offener Klinge laufen!"

Stolz saß ich am Elbufer und schnitzte an einem Stück Holz, das ich gefunden hatte. Bis ich abrutschte und mir ins Knie schnitt. Es blutete stark. Weil ich das Taschenmesser behalten wollte, habe ich nichts gesagt; ich bin mit zusammengebissenen

Zähnen durch die Gegend gehumpelt und habe mein Missgeschick vertuscht.

Gott weiß jede Unvernünftigkeit. Er sieht das blutige Taschenmesser, er sieht die Steine auf den Gleisen und die Expeditionen in den Russenbunker. Er sieht die Lügen, die das Ganze vertuschen sollten. Er sieht heute, wenn ich mir Schrott im Internet ansehe, wenn mich gewalttätige Computerspiele begeistern, wenn ich am Telefon lüge, dass ich gerade beim Arbeiten bin.

Aber wissen Sie was? Gott hat selbst eine Expedition in einen dunklen, einsturzgefährdeten Bunker gemacht: Er hat sich auf die Erde begeben. Man würde erwarten, dass er sich auf der verruchten Welt für die Edlen, die Wahrhaftigen stark gemacht hätte. Das Gegenteil ist der Fall: Der Schöpfer des Universums wurde unter Armen geboren. Er hat Hungrige gespeist. Er hat ungebildeten Menschen das Reich Gottes erklärt. Er hat mit Huren gegessen und ist in Gesellschaft von Räubern gestorben. Jesus, Gottes „Avatar" hier auf der Erde, hat sich mit Menschen angefreundet, die Schrott im Internet ansehen, Ego-Shooter spielen und am Telefon lügen.

Für ihn sind wir Wesen, die nur wenige Zentimeter weit sehen. Wesen, die die Tiefe seiner Liebe nicht mal erahnen können. Und trotzdem gibt er sich mit uns ab. Wenn ich darüber nachdenke, habe ich keine Angst mehr vor Gott.

*Ich habe keine Angst mehr vor Gott.*

Was kann ich alles? Ich kann rechnen, zählen, die Uhr lesen. Ich kann schreiben, Klavier spielen, mir die Schuhe zubinden. Ich kann Englisch sprechen und Deutsch. Ich kann langsam gehen, sprinten, schleichen, joggen. Ich kann schwimmen. Ich kann pfeifen. Ich kann singen und flüstern und Reden halten. Na ja. Ich sehe nur wenige Zentimeter weit, im Vergleich mit Gott.

Den Menschen mag ich erwachsen erscheinen, Gott aber kennt meine Schwächen. Das schreckt ihn kein bisschen ab. Er wünscht sich eine Freundschaft mit mir.

## Das persönliche Biotop

Karin Ackermann-Stoletzky wünscht sich in ihrem amüsanten Buch *Liebling, fällt dir nichts auf? Wie Sie sich garantiert den Alltag rui-*

*nieren* „offene Augen für die vielen kleinen Möglichkeiten, glücklich zu sein". Beim Lesen stutzte ich. Möglichkeiten – das klingt so, als sei es eine Entscheidungssache, eine Wahlmöglichkeit, ob ich glücklich sein möchte.

Es gibt Lebenssituationen, da hat man keine Wahl. Ein naher Angehöriger stirbt oder ich liege im Krankenhaus oder habe gerade meinen Job verloren. Aber für die vielen Jahre, in denen ich einfach Alltag lebe, lohnt es sich zu fragen: Was brauche ich, was macht mich glücklich?

Schaffen Sie sich Ihr eigenes Lebensbiotop. Sie dürfen das. Seien Sie gut zu sich. Es ist erstaunlich, wie oft wir unsere Bedürfnisse ignorieren oder nur lamentieren, anstatt die Dinge anzupacken. Sie brauchen mehr Abende mit Freunden? Organisieren Sie welche! Sie brauchen mehr Entspannung? Nehmen Sie ein Bad, anstatt die Wohnung zu putzen.

Oder wissen Sie gar nicht so richtig, wie Ihr persönliches Biotop aussehen müsste? Dann nehmen Sie sich einen Moment Zeit und denken Sie darüber nach. Wenn Ihr Leben ideal laufen würde, wie sähe es aus? Was fehlt Ihnen? Seien Sie ruhig unrealistisch. Walt Disney verlangte von seinen Teams, zuerst ohne Einschränkungen Ideen zu liefern, ohne die Frage, ob es realisierbar wäre. Dafür ging er mit ihnen in einen Raum, in dem keine Kritik geäußert werden durfte. Erst in einem zweiten Schritt wanderte das Team in einen anderen Raum und prüfte, was von den geäußerten Ideen umsetzbar war.

Machen Sie's genauso! Ihr Traumleben, wie würde es aussehen? Wenn Sie sich Ihren Alltag ansehen, was würde Sie dem gewünschten Biotop ein kleines Stück näherbringen? Es gibt sicher etwas, das Sie schon heute tun können.

*Wenn Ihr Leben ideal laufen würde, wie sähe es aus? Seien Sie ruhig unrealistisch.*

Christen wird vorgeworfen, dass sie viel über das Leben reden, es aber gar nicht wirklich lieben. Oft trifft uns dieser Vorwurf zu Recht. Sie liegen für uns weit auseinander: der Alltag und unser unsterblich machender, faszinierender Glaube. Dabei sind sie ein und dasselbe!

Wir können mit Leidenschaft beten, arbeiten, lieben, staunen, anstatt wie tote Fische im Ozean zu treiben – denn unser Ozean stammt von Gott. Hier sind wir, hier schwimmen, tanzen, jagen wir dahin, weil er uns geschaffen hat.

Titus Müller

*Das kleine Buch
für Lebenskünstler*

160 Seiten, Hardcover
ISBN 978-3-7655-1713-6

Wird man als Lebenskünstler geboren? Nein,
meint Titus Müller, aber man kann lernen, einer
zu werden – und das ist gar nicht so schwer! In diesem Büchlein erzählt der Erfolgsautor von eigenen
Erlebnissen und gibt Tipps, wie man es schafft,
leichter und spontaner durch den Tag zu gehen, die
Geschenke aufzusammeln, die Gott einem täglich
vor die Füße legt, und Pannen, die nun mal passieren, nicht so tragisch zu nehmen.

BRUNNEN VERLAG GIESSEN
www.brunnen-verlag.de

Titus Müller

## *Vom Glück zu leben*

160 Seiten, Hardcover
ISBN 978-3-7655-1891-1

Wer legt sich auf eine Wiese und schaut den Wolken nach? Wer kennt noch Dämmerstündchen mit gegenseitigem Geschichtenerzählen? Stattdessen rattern wir durch den Tag wie kleine Aufziehpuppen, ständig überdreht. Einmal völlig abzuschalten – das ist nicht so leicht.

Mir erging es auch so, und deshalb habe ich dieses Buch geschrieben, sagt Titus Müller. Er wollte herausfinden, wie man die kleinen Wunder des Lebens aufspürt und genießt. Mit allen Sinnen.

BRUNNEN VERLAG GIESSEN
www.brunnen-verlag.de